U0029630

SEAN BRUMMEL:
EINEN SCHEIß MUSS ICH

誰鳥你！

做自己
才是王道

湯米・耀德 **Tommy Jaud**——著

李昕彥——譯

本書使用須知

您在翻閱此書的同時，也代表著您對於本使用須知的認可。若您無法苟同，就不要再翻閱下去了。

免責聲明

部分在書中所出現的建議、見解與訣竅實為無稽之談，娛樂之效才是本意。您知悉任何有害健康與對財物所造成的損失，本書一概免責。

請盡量配合本書使用適當的工具（眼睛，雙手，幽默）以及燈光（可能因此衍生相關費用）。您也知悉這些因素會在閱讀時造成相當程度的影響。

使用限制

您理解這本書不適合以下人士閱讀——三鐵運動者、純素主義者與美國律師，或者任何會立刻暴怒的少數族群都不適合閱讀本書。

免責再免責聲明

任何違反使用須知情事，本人所委之出版社有權關掉讀者的燈光並且拔除讀者的電子閱讀工具的電池。

儘管自己並非未來的主人，但卻可以蹉跎眼前的幸福。

——伊比鳩魯（Epikur），老到不可置信的古希臘哲學家。

好吧，再來一杯！

——尚恩・布魯梅爾（Sean Brummel）

改變一生的四十分錢

或是我為什麼非要寫這本書的原因

「人的一生中都會遇上那個『夠了，老子不玩了。』的時刻。
而我，在幼稚園時就已經走到這一步了。」

——尚恩‧布魯梅爾

　　許多讀者們的心中一定有個疑問——尚恩‧布魯梅爾到底是何方神聖？好問題。我想這麼回答應該比較好——尚恩‧布魯梅爾曾經是美國西岸最倒楣的傢伙。

　　當時我即將邁入四十歲了，年收入是慘不忍睹的 29000 美金。其實那多半也與我的工作能力有關，因為我的工作大致上就是在一個點著霓虹燈的空間裡，對著電腦周邊產品發呆。我那時在一間美國連鎖的家用電器行睿俠（Radioshack）工作——或說是整天待在那裡呼吸。很棒吧？嗯，我每天通常都只有一個客人，而且還是來問我們沒有賣的 iPhone 轉接器。我唯一的同事還是個蠢蛋，「UPS 這個字到底要怎麼拼啊？」這已經算是她比較不笨的問題

了。每當我受不了店裡那些蠢事時，我就會把自己關在倉庫裡並躺在六十吋國際牌電視的大箱子上，調好鬧鐘，等到下班時間再起床。

「尚恩，你要更積極一點才行！」壞老闆對我這樣吼著。

「沒問題！」我這麼回答他，然後依然故我，鬼才會想更積極一點。

惡龍的俘虜

下班之後，我多半會拖著疲憊的身軀到巴索羅布列斯運動俱樂部，開啟預防心血管疾病與荷包大失血之間的戰爭，結果自然是一敗塗地。而回到家後，迎接我的並不是過去夢寐以求想要娶回家的金髮小天使，而是隻極其無趣的素顏惡龍──特麗莎（Trisha）。我連電視都還沒有打開就被逼著吃下眼前那盤燙青菜，緊接著開始逐一檢視我得完成的工作項目──像是修剪籬笆、整理車庫或採買製作果昔的新鮮水果及羽衣甘藍。「你都要四十歲了，一定要好好控制才行！」我的太太邊說邊打量我的肚子。我回答她說，「妳說的對，特麗莎，我真得要好好控制才行！」

話說回來，那個時候也不是真的諸事不順就是了。至少週末時總會出現一線曙光，因為我會和好朋友們一起去喝個過癮。這些朋友就是酒鬼偉恩（Wasted Wayne）、暴躁艾倫（Angry Aaron）與胖子查理（Chubby Charley），畢竟巴索羅布列斯難得還有過

得比我更悲慘的人，這三個碩果僅存。我們就這樣醉生夢死的度過接下來的幾個小時，拋開惱人的工作，訂閱網飛（Netflix）影片並開喝加州濃度最高的啤酒。「我們準備關門了，現在真的要請你們離開了！」酒保對我們說，而我們則會回答，「當然，沒問題！」接著就忘了那些白日夢，直到下個週末才會再次想起。接著那個改變一切的時刻就突然降臨了──我在加州精釀啤酒節（Firestone Walker Beer Fest）偷走了一桶啤酒。偷竊的理由已經不可考，畢竟那時候我與偉恩已經試喝到第三十七個啤酒攤位了。我只記得那是德國班堡瑪爾斯精釀廠（Mahrs Bräu）的酒桶，而我就這樣抱著酒桶，搖搖晃晃地撲上巴索羅布列斯警察局的警車。然後我就從引擎蓋上溜到柏油路面上，就像從煎鍋裡逃脫的牛排一樣。「抱歉，我已經坐在地上了……」我開始放聲大笑「所以你們也不用把我制服在地上了！」

我的臉立刻被壓在河岸大道（Riverside Avenue）上，接著就傳來手銬扣上的聲音。

本周最慘的生活

聞名遐邇的囚犯照拍完之後，我又是一陣放聲大笑。反正我就是覺得那個相框很滑稽就是了，再來就是那個負責拍照的警官講話大舌頭也很好笑。接下來的訊問就不怎麼好笑了，因為那些條子是真的想把我拘留在那裡！我就說自己真的是加州精釀啤酒節的完

賽者，不信就讓主辦單位把那該死的獎牌拿來就知道了。眼看他們不相信我的說詞，我只好從實招來並表示自己沒有獲得妻子的允許就跑去參加啤酒節，當時真的只是想趁掃興的星期一來臨之前和朋友放鬆一下才會抱走那個酒桶。

「星期一是有什麼好掃興的？」圓臉的警官問我，他活生生是一團巨大的肉丸。我告訴他，我的妻子讓我改吃少鹽多蔬菜的飲食，而自己在工作上又非得有所長進不可，接著還要改善與岳父母之間的關係，然後還要買房子，因為這樣才不會丟臉。

「你在家裡真的不能吃牛排嗎？」

我只是搖搖頭，而當這位警官略帶同情地看著我時，我又驕傲地說，「但是等到特麗莎睡著的時候，我就可以躲在棉被下面用手機偷看籃球精華片段！」

話才說完，我就看到警官的眼眶裡淚水滿溢。他立刻轉過身去，接著假借上廁所的名義消失了好一陣子。

改變一生的四十分錢

警方最後將保釋金定為可笑的一百美金，我想那都是因為同情的關係。偏偏我身上只有九十九塊又六十分錢，接著我就打電話回家給特麗莎並說明自己的處境，結果她斷然拒絕帶著四十分錢來警局救我。諸位有辦法想像，我當時的內心感受嗎？那些條子全部笑得東倒西歪，而我也立刻得到了一個新外號——四十分錢。結果我

真的要在警局過夜了，手機與任何有價物品都要交出來。不鏽鋼臥鋪，馬桶沒有蓋子——全套體驗，而我之前只有在電影中看過這樣的場景。我抓著欄杆大喊著，「嘿！放我出去，可惡！我沒那閒時間在這裡耗，我很忙耶！」然後一位警官向我走了過來，直接對著我的臉說：

「四十分錢，你是有什麼問題？」

「我……我要回家打掃，洗明天要穿的襯衫，還要幫草皮澆水！還有……整理我的運動包！而且安德森家庭邀請我們去吃飯，我一定要出席才行！」

眼前這位警官的嘴角開始往上揚起，而他接下來所說的話竟是我人生的一大轉折——

「我跟你說一定要做什麼才對，四十分錢——**誰鳥你！**」

苦牢裡的自由氣息

我點點頭後，便退回到自己的臥鋪上。我的心中突然湧現出鬆了一口氣的感覺，實在稀奇。原因想來也實在悲哀——因為我不需要回家了！正是因為不用回家，所以我也不用打掃，也不用洗襯衫，更不用去安德森家應酬。我什麼都不用管了，也不用上臉書了，連手機也被沒收了。

我越是思考自己因此不用理會的事情之後，心情就越是輕鬆自在，而我也發現自己不禁笑了起來。我在苦牢裡耶！我有多少年沒

有感受過這種自由了！那位警官說的對，誰鳥你！事已如此，我的
心情真的無比輕鬆，然後就一連睡了七個小時──吵雜的環境、難
睡的臥鋪與刺眼的燈光都無所謂了。隔天一早，我在牢門傳出的聲
響中醒來，接著聽到沙啞的聲音說：

「四十分錢？」

「有？」

「你可以滾了！」

窗外有藍天

我從牢籠的自由再度走進悲戚生活的束縛之中，前晚所感受的
快感已經蕩然無存。我在刺眼的陽光下思考著──我在苦牢的日子
其實比從前更加快樂，真的是這樣嗎？我的內心困惑不已，而我決
定徒步走四百公尺去睿俠上班。每踏出一步，心中就浮現另一個問
題。一個連四十分錢保釋金都不願意幫我出的女人，我真的非得要
跟她在一起嗎？我非得要那樣費力地去踩登山訓練機嗎？非得要
灌下那羽衣甘藍果昔？非得要吃素嗎？非得要去那個門可羅雀的
地方上班嗎？非得要覺得特麗莎的教職同事很了不起嗎？非得要
修剪那該死的籬笆？非得要整理車庫？我突然想起酒鬼偉恩曾經
對我說，「尚恩，你知道嗎？人生就是這樣……」我想這話也許是
真的，但是絕對不會是我的人生！

她曾經如此完美

我想著想著，就跑了起來。跑得好遠好遠，當時可能還沒有任何美國人跑過這麼遠的距離——我可是跑了超過十五分鐘呢！最後突然發現自己站在一座鑄鐵大門前。我一開始很氣自己，畢竟是因為自己想事情想過頭，才會意外跑進工業區。我接著才注意到那座大門前的牌子，上頭寫著——**家釀**（Homebrewer）——供給與資源。屏息以對，我竟然沒有進公司，而是跑來一家自釀酒廠！

我滿懷好奇地踏進院子裡，一位留著黑色短髮的秀氣女人正推著推車從我面前經過，上面堆著許多麻袋，然後她開始將那些麻袋於櫥窗邊卸下。當她注意到我的時候，她對著我輕輕一笑——我的心臟幾乎要停了。我就像個小男孩一樣愕愕地站在原地看著，當下就失了魂，我從來沒有看過這麼美麗的景象。這位女店員察覺到我的表情之後，就對著櫥窗向我走來，於是我們就一起逛著店裡的陳列品。

「那個是釀啤酒機，德國釀酒廠做的。」

「德國的？太讚了吧！我……我有八分之一的德國血統！」我吞吞吐吐地說著「還有，嗯……我是尚恩！」

「很高興認識你，」這美麗女人笑著對我說「我是凱倫，然後……十六分之一的愛爾蘭血統！」

神奇的力量

當天晚上，我與特麗莎之間，衝突難免。就在偉恩到家裡來恭喜我出獄並買下啤酒酵母的同時，我的太太慢慢地向餐桌走了過來，力大無比的雙手緊緊抓著身上的圍裙。接下來，一如往常，她氣憤時的聲音聽起來就像女軍官一樣。

「尚恩，車庫裡那銅器是什麼東西？」

我有些怯懦地抬頭看著特麗莎。她正在急促地喘息，那一頭如鋼筋混泥土般堅硬的南部髮型之下，她的臉頰正在漸漸轉紅。

「那是一台釀啤酒機。」

「釀啤酒機？」

「從德國來的，就跟我的曾祖母一樣。」

特麗莎拉了一張我們家裡毫無品味可言的椅子並在我身邊坐下。

「尚恩，你買釀啤酒機做什麼？！」

「釀啤酒機就是用來釀啤酒的。」我平靜地回答著。

「尚恩，你腦袋是有什麼問題？」特麗莎語氣顫抖地説「先是背著我喝得爛醉，接著被警察逮捕，現在竟然又買這種莫名其妙的東西。你現在馬上把那東西退回去！」

然後廚房裡鴉雀無聲，耳中只聽見冰箱運作的聲響。我的心中突然想起那位隔著鐵欄啟發我的胖警官，而就在想起他之後，那個瞬間我就什麼也不在乎了。於是，我鼓起勇氣並大聲地説：

「聽好了，特麗莎——誰鳥妳啊！」

那句話的力量

我的朋友們至今都不相信，這麼簡短的一句話就結束了這場十一年的婚姻！沒有任何討論，也沒有任何爭吵，特麗莎只是靜靜地説「我知道了」，接著就站了起來。我本來當天晚上就想要離開的，然而匪夷所思的是，特麗莎的包袱竟在瞬間全上了她朋友的車，我幾乎無法正視。然而，此時木已成舟，潑出去的水也收不回了。

「你絕對找不到第二個像我這樣的女人！」特麗莎站在門前高傲地説。謝天謝地，我心裡這麼想。接著我栓上大門，然後又再拉了一扇門並用櫃子擋住，以防萬一。

我倒了一杯啤酒並坐在木地板上。「誰鳥你」這三個字竟然會有如此神奇的力量！就算不用説出口也足以讓人心悦誠服。

新釀人生

我在接下來的整個星期之中都處於驚魂未定的狀態，直到第七天才體認到這強而有力的話語所造成的影響，而那在我眼中卻是美好的結果。我拿起電話打給偉恩，問他有沒有興趣一起釀造全加州濃度最高的啤酒？他當然願意，而這個計畫也讓我找回人生的喜

悅。我們一起開車去家釀採購麥芽與啤酒花，而水則是從巴索羅布列斯高爾夫球俱樂部的池塘裡汲取的（如果你喝過美國自來水的話，那你很清楚我的意思了[1]）。最後我們回到車庫並上網找出一段釀啤酒器使用介紹的 YouTube 影片，一切就這樣興奮不已地開始了。

啤酒釀造就在預先設定的程式中開始了，幾乎就像操作特麗莎那台自動麵包機一樣容易上手——當然，不同的是，五小時之後出現的並不是那溫熱又難吃的全麥麵包，而是冰鎮又爽口的啤酒。嗯，我們一開始以為會是這樣。比起做麵包，啤酒釀造得要發酵三天，接著還要六周的時間熟成——酒鬼偉恩又氣又慌張地在釀酒機上看到那張警示。

「六周？那些德國人是瘋了嗎？這種事情總要事先講清楚吧！」

「偉恩，他們才懶得鳥你！走，我們去莫利酒吧！」

結果偉恩沒有跟上來，而是在原地滑手機。

「偉恩，莫利酒吧，不是上推特！」

「OK，創個新話題標籤（Hashtag）——＃這太虐心了。」

正當加州濃度最高的啤酒在特麗莎的冰箱中發酵時，我那強而有力的話語也正在其他的領域中逐漸地產生作用。首先，我在巴索

1　美國供水系統的基礎設施年久失修，時常爆出飲水安全問題，美國政府平均每年得耗資百億美元投資於水質改良，因此美國人對於喝自來水是有疑慮的。

羅布列斯運動俱樂部向好朋友胖子查理親自商討辭職的事情。「尚恩，你確定嗎？我是說，你現在都快四十了，而且又變得孤家寡人，你至少要穩定一點吧！」

「誰鳥你啊！」

我很意外自己停掉功能循環練習（Functional Circuit）、力量皮拉提斯（Power Pilates）和登山機訓練（Stair Master）之後可以省下這麼多錢，於是我立刻把錢投資到網飛、Watchever 頻道以及 NBA 單季通行證這三種絕對會持之以恆的設備上。我在睿俠買了午睡大箱子裡的內容物，否則我之前肯定會在下午時段睡過頭。員工折扣是當然的了，而且我付完錢就立刻辭職。

「太奸詐了！」那可惡的老闆怒不可抑「我不准你辭職！」

「誰鳥你啊！」

而我也隨著第一批自釀啤酒漸漸熟成。我每天都會發現自己根本無須理會的新事物，而內心也會因此沾沾自喜。儘管往往可能都是像家門要記得鎖兩次，或是回電話給特麗莎的律師這樣瑣碎的小事情。我光是想到自己可以整個星期不用整理廚房，那樣灑脫的態度就足以讓我全身起雞皮疙瘩。只要想到任何我覺得無須理會的事情，我的心中就會覺得更加自由。我買了啤酒釀造與德國旅遊的書籍，然後邀請啤酒釀造商店甜美的凱倫來參加皇家牛肉大王（Beef King Imperial）3000 XXXL 烤肉機的啟用派對。凱倫與特麗莎之間是一種全然的對比——總是開朗又主動，而且至少她跟我一樣瘋癲。除此之外，她身上總是散發著淡淡的新鮮麥芽香氣。

「尚恩，你一定要快點搞定凱倫，」暴躁艾倫對我喊了一句。

誰鳥你啊，船到橋頭自然直，不會也沒關係。更重要的是，當她在我身邊的時候，我都覺得輕鬆自在。

接著，這天終於來了──偉恩、凱倫與我一起試飲啤酒處女釀的滋味。我們沒有舉行任何派對慶祝，因為實在是太緊張了，畢竟這手做啤酒藝術的高潮時刻讓我們等了足足六個星期。偉恩那幾天總是不停地在說，我們的極品啤酒絕對會在莫利的熟客中大受歡迎，而我則是模仿百威啤酒的老闆打電話來說，「不管那天殺的啤酒是誰做出來的，我們絕對要買下這他媽的秘方！」

不過凱倫卻將這手釀啤酒藝術的高潮一口吐在我們眼前的紅色塑膠桶裡。

「這是什麼鬼？」

「加州最濃的啤酒？」我小聲地說著，接著自己也喝了一口，而我很快就明白了──根本不是那麼一回事。

「你們的麥汁比重是多少？」凱倫皺著眉頭問「酵母是哪一種？」

「麥汁比重？」我結巴地說著，而偉恩則說，「酵母？影片裡面根本沒有該死的酵母啊！」

「沒有酵母就不能發酵，沒有發酵就不會有酒精濃度！」

「#酵母門事件！」偉恩大喊一聲，凱倫不禁笑了出來。

「結果你們釀出了全加州酒精濃度最低的啤酒！」

凱倫走去冰箱拿出三瓶真正的啤酒並遞給我們。

「從這個情況看來，這兩個男孩是需要一點幫助了！」

「沒錯！」偉恩回答，而我也懊惱地補了一句，「從這個情況看來是如此……」

布魯梅爾濃啤酒──痛快暢飲！

我們接著開始每星期與凱倫一起釀啤酒，而且每一次都一定會學到新東西，就好比酵母這東西好了，還有什麼時候要加啤酒花。我們足足花了兩個月才找到酒精與風味的正確比例，而我們在某天晚上轉開酒桶時才知道──我們的啤酒誕生了。

「痛快！」偉恩說。

「好喝極了！」凱倫說。

「痛快暢飲！」我笑著說，真是太棒了！

這正是布魯梅爾濃啤酒誕生的時刻，也就是加州酒精濃度排名第十一的啤酒！

接著我開始將這款啤酒分送給親朋好友，他們喝完都會再向我討來喝並且推薦給自己喜愛的酒吧。我很快地就以布魯梅爾釀酒公司的名義在巴索羅布列斯啤酒節設置攤位，結果自然大獲成功。試喝的人潮絡繹不絕，我們的攤位前總是大排長龍。

「你一定要釀更多才行啊！」支持我們家啤酒的粉絲這麼對我說，我心裡也很開心。

然而，我當然也覺得──誰鳥你啊！

最後，我選擇在春日街上開店——布魯梅爾啤酒店。店裡有啤酒的時候才開店，基本上就是一週開門一次。當我與凱倫在營運第一天結束之後，我發現自己相當心滿意足。

後來，就在某次的烤肉派對上，酒鬼偉恩與暴躁艾倫也都在場，凱倫對我說，「尚恩，你怎麼不乾脆寫本書呢？」

拜誰鳥你之賜，新生活開始！

我開始認真思考凱倫的提議——究竟為什麼要分享這微不足道卻又偉大的一句話呢？後來因為漢克（Hank）的太太蘇西（Suzy）認識洛杉磯伯納爾出版社（Broner Books）的人，況且我也很難只靠那麼點啤酒生活。因此，我提起精神來寫了篇草稿，不到三天我的手機就響了，另一邊傳來粗啞的聲音：

「請問是尚恩‧布魯梅爾先生嗎？」

「是的……？」

「我是伯納爾出版社的鮑伯（Bob）。是這樣的，您的文筆好像不太好，但是這個案子我們決定接了！」

其餘就無需贅述了。《誰鳥你！》不僅幫助了我，而且也幫助了成千上萬的人——讓我們在生活中實踐內心的夢想。今天，我與我的女朋友凱倫一起坐在我家的幾何形木製陽台上，瞇著雙眼望向溫暖的加州夕陽，我心裡很清楚《誰鳥你！》讓我再次活了過來，活出了自我——釀啤酒又寫書，時常可以與朋友同樂，而且再也不

需要加入運動俱樂部，也不需要修剪籬笆。

不，我確實沒有整理家裡，而且其實可以再瘦一點。是的，我與特麗莎的婚姻已經結束了，不過她真的讓人忍無可忍。請大家不要誤會了——特麗莎是個好女人，只是她並不適合我。特麗莎需要的是更強壯的男人，懦弱的男人在特麗莎身邊就像是冰雹下的驢蹄草，不堪一擊。她的新丈夫是浸信會的牧師，而她目前也已經懷孕了，兩個人真是天作之合。當然了，我還是會關心特麗莎的近況，畢竟我也不是什麼卑鄙的人。我也吩咐我的律師得每年向我報備她是不是還活著，如果還活著的話，住在哪裡？我自然會保持當初協議好的一千公尺距離。

我有沒有因為這樣的改變而失去朋友呢？那也是當然的了，不過留下來的才是真正的朋友。除此之外，我也交了不少新朋友，而且打從我以布魯梅爾濃啤酒的名義成為莫利·麥克格雷格酒吧「喝掛不用錢慈善之夜」的贊助者後，我在這個小鎮與鄰近地區也開始覺得備受尊重了。

沒聽過莫利·麥克格雷格酒吧的「喝掛不用錢慈善之夜」嗎？遊戲規則其實很簡單——直到有人跑廁所以前，所有啤酒都是免費的！至於慈善這個部分呢？這個也很簡單，那個毀了其他人喝免錢啤酒的倒楣鬼，我出錢來保障他當晚的生命安全。想參加嗎？真的很好玩喔！

參加者事前一定要拋開所有包袱才行！相信我，就算不用坐牢，就算沒有釀啤酒機與保全人員，這本書的每一頁都會讓你有更

加海闊天空的感受,而且日子也會一天比一天更加美好,這一切都只有一個原因——因為從現在開始我們什麼都不用鳥!至於箇中道理,就讓我們現在開始體驗。

為何什麼事都要鳥呢？

而我們又該如何克服恐怖的心魔？

「與人為敵？太棒了！那代表我們的人生有所堅持！」
——溫斯頓・邱吉爾，文人兼左駕者

　　這本書並不是那種引導人生的書籍，而且還正好相反。當我還是美國西岸最倒楣的傢伙時，我還真的讀過市面上所有引導人生的出版物。偏偏我讀得越多，心裡就更加難受。

　　而且我還注意到一件事情，那些讓我期望得到協助的書籍都是一樣的——都一樣？沒錯，都一樣！甚至都是建立在相同的基礎上，而我們往往都會落入那相同又該死的情境之中。這些書中都會這麼解釋——我們所處的世界瞬息萬變，假如不想落入深淵，那我們就一定要打起精神，好好努力。道理很簡單——我們就是要更努力地工作，飲食健康，少喝酒，睡眠充足，多賺錢，少吃肉，常運動，天氣好就要多出門走動。嗯，我坦白說好了——我要是真的會鳥這些事情的話，那我還不如直接跳進深淵。因為完全不是這麼一

回事——只有那些深信自己還要更加努力的人才會落入深淵。

無動於衷

勵志專家戴爾・卡內基（Dale Carneige）早在十幾年前就曾強調，「成功的關鍵在於自己！」太好了，就讓他這麼想好了，因為或許我們有時候就喜歡這種「無動於衷」的感覺。

這位作者也寫了經典的勵志書籍《卡內基溝通與人際關係：如何贏取友誼與影響他人》，然而在這樣處處樹敵又四面楚歌的時候，適時對敵人展現善意或許不啻是個好主意？或是乾脆就直接扮演好人就好了？我們真的一定要瘦又結實嗎？漢堡還只能點沒有肉的嗎？《全素瘦身法——高效能運動與生活》對我來説根本不是什麼書名，而是一種霸凌。我們應該戒吃牛排，這樣才能提高工作效率與跑步速度？這到底是什麼鬼？

我們真的要少喝酒嗎？週末就一定要有所安排嗎？一定要找到完美的伴侶嗎？所有踏進過酒吧的人都很清楚，如果只點白開水，那麼就根本不會認識酒保，更不要説是「完美」的伴侶了。那所謂的「完美」伴侶根本不值得我們這樣大費周章。那些與一般人結為連理，而不是跟超模在一起的人反而可以過得更幸福，不信的話就去問奧斯卡・皮斯托利斯（Oscar Pistorius）[2]。

---

2 奧斯卡・皮斯托利斯（Oscar Pistorius）是南非的截肢短跑選手，以「刀鋒戰士」和「世上跑得最快的無腿者」綽號聞名。皮斯托利斯於 2013 年在家槍殺超模女友瑞娃・斯廷坎普而被判刑。

「有志者，事竟成」也是美國勵志大師拿破崙·希爾（Napoleon Hill）一直以來諄諄教誨的原則，這傢伙也真的在他的書中這麼強調著，「只要心中堅信，點石亦可成金。」這話真是笑破我的肚皮了！所有人只要心中堅信就可以點石成金，這跟用兩張廉價厚紙板夾起來的美國夢是有什麼兩樣？十足就是個大騙局。這些謊言的大意就是——當你四十歲的時候，既沒有百萬存款，而在馬里布（Malibu）也沒有一間富麗堂皇的度假別墅與游泳池，也沒有一位魅力十足的伴侶與兩個可愛的孩子——聽著，那不是政府的錯，也不是麥當勞的錯，全都是因為你活該！因為你不夠努力，蠢蛋！問題就在這裡，那些人十幾年來都一直要我們相信自己一定要全力以赴。這毫無人道可言的廉價謊言完全忽略了一件事，就是：

沒有最好反而比較好！

無論是媒體、政治人物，甚至是身邊的友人都在孜孜不倦地向我們推銷最佳化的人生——究竟第二好是哪裡不對了？誰有聽說過副總統被謀殺的嗎？還是哪個銀牌選手因為焦慮而崩潰的呢？影評們最喜歡修理的好萊塢電影是最賣座的呢？還是第二賣座的呢？看吧，這樣就一清二楚了。那我們現在想想排名第三、第四或第五好的會是多麼地開心又心安理得！

知道傑克·索克（Jack Sock）是誰嗎？不認識嗎？其實也不見得要知道他是誰。傑克·索克其實「只是」世界排名第三十五

[3] 的網球選手。那是因為他成天遊手好閒嗎？當然不是。傑克在二十四歲時就已經累積了兩百萬美元的比賽獎金，而他在世界網球巡迴賽官網的資料照片是多麼地怡然自得。世界排名第一[4]的諾瓦克‧喬科維奇（Novak Djokovic）已經累積了七千七百萬元的獎金，不過他的表情卻不是那樣心滿意足。那也許是因為他在賽後沒有與朋友一起暢飲可口的啤酒慶祝，而是要走進一座蛋型壓力艙來促進體能恢復。不好意思，這樣說當然很不公平。喬科維奇當然不可能會喝啤酒，因為酒精對他來說就像是害蟲一樣，躲都來不及了，還有麩質也是。人們也藉由這三件事情認識他，「嘿，喬科維奇，關於壓力艙、害蟲與麩質的說法是真的嗎？」

假如我是網球選手的話，我寧願選擇當傑克‧索克。那你呢？明明排在後面就是比較輕鬆，那我們為什麼就非得要事事求第一呢？人生就像是電影院的座位一樣，中間那幾排才是最好的位置。坐在最前排只看得到一半的螢幕，脖子又酸得要死，而坐在最後面的又眼巴巴地看著前面那些人，心裡嫉妒的要死。

請不要誤會「誰鳥你！」這句話，這話的用意並不是要讓我們當作選擇中庸人生的藉口，而是在突顯人生中那些過分的苛求，這是對抗人生必須最佳化的戰略，也是快活的對應之策。因此，我現在要告訴各位一個不可思議的數字──

3　現今排名為單打第十八名（2017 年 6 月 20 日更新）。
4　現今排名為單打第四名（2017 年 6 月 20 日更新）。

百分之九十九的事情，都是無謂的事情

百分之九十九！這個數字並不是我從哪間美國名校的研究所引述的數字，不是的，這百分之九十九純粹是我剛才想出來的數字！這個數字代表著那些我們習以為常的所作所為，其實都不是必要的事情；使用沒洗過的牙線、收看新聞、滑臉書、敦親睦鄰、專注事業與冰箱除冰。這些都不是必要的嗎？這些都不是必要的。什麼時候才要除冰，你知道嗎？當冰箱連幾支冰棒都放不下的時候，那就是非做不可的百分之一了。我們會在那些看似非做不可的事情旁邊打勾，要是不做就會立刻出現罪惡感——此時就是我們該出手干涉的時候了，這個時候請趕快翻閱這本書求助。

罪惡感何來？

罪惡感在過去一直都是教會的一種壟斷方式，至少在西方世界是這樣。基本上所有人也很習慣這樣的罪惡感，至少那十誡並不會朝令夕改，而生活所依循的正道其實也很單純。然而，隨著信仰分崩離析之後，這世上也開始出現其他形而上的勢力，企圖成為假定的正義——容光煥發的蔬菜傳道者、汲汲營營的政治人物與尋求真義的伴侶，當然也別忘了那些聒噪又歇斯底里的媒體，而我們每天都在面對這些人事物所帶來的影響。除了十誡之外，我們每天都要面對大約一百項提醒、祕訣與警告，諸如：

讓您享受人生的三樣生活必需品

您每天早上十點之前必須完成的十件事

居家衛生──您不可不知的秘訣

伊波拉病毒──您準備好了嗎？

淋浴常見的五項錯誤

認真讀過之後就會覺得，這些人是真的以為我們蠢到不會洗澡一樣。不過別擔心，廣告標題正下方就在介紹清潔腸道的大腸水療法──這樣就可以避免那些可怕的沖澡謬誤了。

我不禁猜想，那些傳統價值的擁護者又是怎麼看待這些新禁忌的呢？於是我拜訪了巴索羅布列斯社區教會的麥克・舒克牧師。我問他，「麥克，請以教會代表的身分回答我──基督徒在沖澡時會犯下什麼樣的錯誤呢？」悲慘的是──舒克牧師根本一問三不知。他反而問我，我與特麗莎的婚姻是不是還有機會破鏡重圓呢？而且他很樂意當和事佬。太哀傷了，對於人類存在至關重要的事情，教會竟然已經無法掌握了。我們的對話到了尾聲時似乎又出現了一線曙光，因為這位神職人員問我，「尚恩，到底是發生什麼事了呢？」

我向麥克解釋，淋浴時把沐浴精完全沖掉是很重要的一件事，而且在擦拭身體時，一定要用拍的方式，不可以用擦拭的。

「可惡，尚恩，我一直都是用擦拭的方式……」

其實管你要怎麼擦乾根本都無所謂！就算你洗完澡要在高速公路上快速轉動甩乾也可以。想怎樣，就怎樣，但是千萬不要相信

那些有厭食症的生活風格編輯們，他們成天只會對著包膜的鍵盤發抖。

千萬不要人云亦云，不要讓別人告訴你該怎麼生活才對！那些被廣泛討論並且過度包裝的價值，其背後的用意根本不是在於淋浴後全身光滑的肌膚，而是鎖定你永無止盡的罪惡感。糟糕的是，那些政治人物、損友與媒體的陰險計謀就是要讓非要不可怪獸（Muss-Monster）一再地逼近我們！究竟誰是非要不可怪獸呢？

非要不可怪獸是我們最可怕的敵人

「非要不可」是一隻與膝蓋同高、沒事愛嚷嚷又滿身雜毛的怪獸，牠不僅有辦法將你的工作搞得烏煙瘴氣，而且下班了也不放過你，甚至週末或度假時都還窮追猛打。你看看吧，真的就是這個樣子。

這樣是不是太不近人情了啊？欸，我們說的可是隻非要不可怪獸耶。這隻怪獸頤指氣使的氣焰從來也沒有降溫的時候，牠要你做什麼，你就得做什麼。一旦開口拒絕，牠就開始死纏爛打，讓你落入無止盡的斡旋之中。

悲哀的是，每當我們讓非要不可怪獸得逞時，就像是在餵牠吃飼料一樣，牠會越來越肥，接著就會變本加厲。一旦這隻怪獸開始變肥了，那就離牠的目標越來越近了──直到有天完全接手你的人生。然後，你就會嚴肅地思考所有事情；鬧鐘一響，你就一定要起床；自己對於近東紛爭應該要有所看法；而太陽升起時，你就得要出門工作。這樣不是很糟糕嗎？若想要對付非要不可怪獸，那麼最有效的方式就是斷絕牠的生命食糧──罪惡感。

斷其糧道，怪獸退散

成大事得從小處著手，就拿運動來說好了。假如你是經常會在下班後去一趟健身房的人，某天你正在開車去健身房的路上，廣播突然提到今晚電視將會轉播一場非常重要的足球賽，而且你最喜歡的球隊將會上場。捫心自問，你心裡其實很想拿著啤酒並躺在沙發上觀看這場賽事，而此時非要不可怪獸已經在後座大聲嘶吼了，「不要妄想，你非得去運動不可！賴在沙發上不運動，絕對不行，你有沒有點羞恥心啊！呸！」

這正是你必須堅忍以對的時候。請你帶著微笑，大聲並堅定地

對著非要不可怪獸說，「我非要去運動不可？誰──鳥──你！」

以誰鳥你之道[5]，殲滅之

誰鳥你之道？沒錯，就是誰鳥你，這正是對抗貪得無厭的「必須」之道。其實還可以說得更動聽一些，不過應該沒有人想在書中一直讀到不雅的字眼吧？

第一次搬出誰鳥你之道來對抗非要不可怪獸時，你一定會覺得有些不自在，而心中的非要不可怪獸肯定也會想盡辦法以那種似是而非的論點來動搖你，像是：「你健身用的包包都準備好了耶！」或是「你只有今天有空去運動了啊！」或是「運動過後的感覺會更棒喔！」這些當然都是無稽之談。首先，健身用的包包之所以都準備好了──那是非要不可怪獸前一天晚上要你準備的；第二，躺在沙發上看個電視又不會死，改天再運動就好了；第三，當你運動完，精疲力盡並赤裸地與其他健身受害者站在淋浴間坦誠相對時，手機螢幕顯示那場重要的賽事早在八百年前就結束了，早已錯過不再，你根本不可能會覺得更棒。因此，這就是與非要不可怪獸對戰時最重要的規則：

5　原文為「ESMI」，也就是德語「Einen Scheiß muss ich」的縮寫。這句話是南德巴伐利亞的俗語，字面上是「我必須個屎！」，也就是才怪、誰管你的意思。

切忌自我辯駁！

假如你不想去健身，那就大聲地說「誰鳥你啊！」立刻調頭回家去看那場鬼球賽。良心不安？省省吧，還是你真的以為只要去健身之後，非要不可怪獸會就此善罷甘休？想都別想！你連車門都還沒關上就會聽到牠開始嘰嘰喳喳的聲音——你回家要先把衣服晾乾，吃些營養的食物，吃完要把廚房整理乾淨，還要記得打電話給爸媽。最後，當你拖著沉重的身軀倒在床上時，才發現自己真正想做的事情竟然一件也沒有完成。也許你會在睡夢中聽見微微的竊笑聲？矮矮胖胖的非要不可怪獸正在那暗自竊笑，而你又唯命是從地過了一天。

就是現在！

趁早將非要不可怪獸餓死，因為如果不從小處著手，等到這傢伙越養越肥之後，那就後患無窮了。牠會漸漸地讓我們以為人生一定要設定目標，或是非得要自有定見。大家懂我在講什麼嗎？你也許還有辦法翹掉功能循環練習的課程，但是等到哪天結束疲憊的工作之後（我必須在工作上更加把勁），你卻只能駕著昂貴的跑車（……這也是非要不可的項目）路過自己的豪宅而不入，因為你厭惡住在裡面的另一半（……非得要成家），也厭惡在餐桌上等你的燙青菜（……非得要吃得更營養），那一切可能就太遲了，因為非

要不可怪獸已經得逞了。

別擔心，事情還有轉圜的餘地，因為非要不可怪獸錯估了兩件事情：一，你識破了牠的詭計；二，你已經買了這本葵花寶典！

無論我在洛杉磯或阿布奎基市舉辦研討會時，觀眾之中總會有人提出這樣的問題——

「嘿，尚恩，我要怎麼辨識這個非要不可怪獸呢？牠真的就是一隻與膝蓋同高又滿身雜毛的怪獸，而且那根手指總是舉在頭上嗎？」

千變萬化的非要不可怪獸

好吧，就算你在前面幾頁已經看到一小張非要不可怪獸的照片了，可惜那一點幫助也沒有——非要不可怪獸的詭計多端，而且擅長偽裝自己，因此沒有經驗的人根本沒有辦法認出牠來。然而，非要不可怪獸根本無所不在！牠可能偽裝成鬧鐘，也可能化身為素牛排，而且如果牠想要說服你，「去巴黎就要看巴黎鐵塔啊，不然要幹嘛？」那牠甚至就會偽裝成巴黎鐵塔。

牠就是有辦法偽裝得這麼好——不過當非要不可怪獸埋伏在你身邊的時候，總是會有一些蛛絲馬跡的，像是當你覺得心浮氣躁，內心空洞又非得要做些什麼的時候，小心，非要不可怪獸可能就在你身邊。桌子凌亂不堪，上面堆滿了資料夾、文件與未拆的信件？不要碰，那就是非要不可怪獸的化身啊！還有那一大堆讀過

的報紙、庭院裡的樹枝落葉以及尚未申報的稅項，通通都是牠的偽裝！一旦你覺得自己必須要完成或負責處理某件事情的時候，那絕對是非要不可怪獸的詭計了。但是不要怕，只要懂得誰鳥你之道，那麼一切就都在掌握之中。

假如你開始擔心自己會因為這新的真言而變成自我又狂妄的人，那就讓我來為你解憂吧！

說出誰鳥你並不代表要對一切說不

相反地，只做自己有興趣的事情並讓周遭的人知道自己就是如此，這點絕對比昧著良心地答應更好。你相信嗎？假如當初親愛的上帝只會對所有人說聲好，那麼祂還可以在六天之中創造出美麗的地球嗎？如果上帝還要隨手幫耶穌做垃圾分類或是幫彼得安裝雲端設備的話，祂根本就沒有辦法創造出那些海洋。

如何使用本書？

說真的嗎？要怎麼使用是你的事。那種傳統的勵志書籍往往在一開始都很引人入勝，不過光是閱讀並不能有所收穫，而是要從頭到尾多讀幾次，甚至得寫筆記，因為書中的各個篇章都無法帶領我們走向內心期望的成就，根本就是一些廢話。這本書就可以帶領你達成目標，而且你只要讀到一半就可以，就算不清不楚又全部忘光

光也行！

現在，讓我們一起認清自己所處的環境，並沒有什麼非做不可的事情。讓我們逐步地摸索，從簡單到不怎麼簡單，從日常作息到內心以為太過複雜的信仰話語。我們先從日常生活中的謊言開始，像是「我一定要吃得更健康」或「我一定要成家」，接著則是著名的人生謊言，像是「我一定要買熟透的酪梨才行。」

我們當然要從非要不可怪獸肆虐最嚴重的生活領域著手了，那就是我們的健康。因為，說真的，講到變態又持續的強迫性手段，這世上哪還有比「必須健康生活」更糟的呢？

Gesundheit

健康

·

關於健身寡人、愚蠢的飲酒神話

與上網查到的霍亂

　　我的奶奶住在蒙大拿州大瀑布城（Great Falls）的鄉下，雖然她擁有的不多，但是她總會與人分享——不過不包括她的床，因為她喜歡自己睡。她是個老菸槍，而且每天早餐都吃煎蛋與培根，對於運動根本一竅不通。入夜之後，她就會享用半瓶紅酒。每天嗎？當然沒有。她只有在星期六才會喝掉一整瓶紅酒。瑪格麗特（Margaret）奶奶享壽九十三歲，她一直到臨死前都壯得跟隻熊一樣。

　　格雷格・普利特（Greg Plitt）[6] 是一位知名的美國健身大師；他持有個人教練執照並開發節食計畫，同時也登上男性健康雜誌的封面，像是《男性健康》（*Men's Health*）、《肌肉與健身》（*Muscle & Fitness*）以及《美信》（*Maxim*），而且他在 2008年登上《男性健身》（*Men's Fitness*）雜誌選出的全美最健美二十五人排行榜。最後他在嘗試以閃避火車來展現某能量飲料的效能時意外死亡——火車畢竟還是比較快，普利特得年三十七歲。

　　請讀者們千萬不要誤會了——我完全沒有要拿格雷格・普利特的死來開玩笑的意思。我覺得這件事情真的太悲慘了，畢竟他做了一切努力想要活下去，至少他一直堅信如此。其中最悲痛的是格雷格・普利特根本就是無辜喪命的，他正是健康意識強迫之下的受害者。假如格雷格・普利特當初有機會先讀到這本書並起而對抗非要不可怪獸的話，當然他勢必不會再登上封面，但是卻可以與好友共享啤酒、漢堡與美好的夜晚。

　　我要透過這件事所表達的是——請將我的奶奶當作生活的榜樣。

6　原文誤植為 Gregg Plitt

我必須多運動！

若你想要變得跟馬拉度納（Diego Maradona）[7] 一樣的話──隨便你！

> 「如果坐著就像抽菸一樣不健康，
> 那麼躺著就是坐著的新定義囉？」
> ──偉恩·吉伯特（酒鬼偉恩）

很多人以為運動是非常棒的一件事情，多多益善。而當他們這麼努力維持體態的同時，大家也應該要知道他們究竟是做了多了不起的事情！因此，許多運動員在訓練結束之後反而不會急著去沖澡，而是要先把汗水淋漓的成果丟上臉書。任何低於半馬的運動項目都只能算是一種肢體障礙，好歹也要丟上參加鐵人運動在水下時的自拍或是徒手攀登惠特尼峰（Mount Whitney）的空中攝影短片。

7　已退役的阿根廷足球員和教練，因為其高超的球技而被稱為「世紀球王」，是足球史中最優秀且最具爭議的球員之一。作者會舉他為例是因為他中年發福的非常嚴重。

　　為什麼這麼多運動員都想要在社群網頁上大肆張揚自己生活中的點點滴滴呢？難道是在蒐集按讚數嗎？績效考量？虛榮心？以上皆非。我對於這件事情有著既單純又悲傷的答案──他們之所以會這樣做是因為在家已經很久沒有人可以分享這些點點滴滴了。各位請先忍住眼中的淚水，我們最好回歸正題──為什麼有越來越多人覺得自己必須從事倍加艱辛的運動呢？

　　「嘿，尚恩，答案很簡單啊──因為他們想要覺得更好啊！」

　　真的嗎？我每次慢跑時都會立刻覺得自己又老又肥；但若換作是坐著發呆的話，我就覺得棒呆了。

動物不運動

　　我們對於所有事物都崇尚自然，只有運動這件事情沒有。難道沒有人想過，根本沒有任何動物會運動嗎？植物也不會吧？好了，沙鼠與鳳仙花不算[8]。大自然中根本沒有運動這回事，而且當我用這個角度觀察大自然時，我就會發現這樣根本理所當然。

　　就讓我們認清這件事情並漸漸脫離那些醫生、六塊肌雜誌與運動成癮同事們多年來企圖說服我們的歪理──運動讓人變瘦又健康，不僅豐富人生，更可以延年益壽。哈！但是事實根本完全相反。運動讓人不快樂，而且會導致飲食失調、關節受損與筋骨發炎；運動讓人變得寂寞、成癮又無能，甚至形成沒有必要的壓力並引發

8　沙鼠天性好動，而鳳仙花的果實則會在成熟時彈出。

早衰，而這些似乎還不夠糟糕，最後還會讓人變笨！

「運動讓人變笨？？」

當然！我最近才讀到——人體在完成極限運動之後對於能量會出現極度的需求，強烈到可能會代謝掉大腦！太不可思議了，對吧？也就是說某人好不容易贏得跨歐洲長跑之後，卻只能在贊助商合約上鬼畫符的意思。

「OK，尚恩，但是那些極限跑者呢？」

沒錯，多數人當然不會因為運動而變笨，但卻會變肥。

「等一下，你剛才是說——運動會讓人變肥嗎？」

就是這樣，而且我還要再說一次：

運動使人肥胖！

我們就來回顧一下籃球超級巨星魔術強森（Magic Johnson）好了。他光是在湖人隊當座上嘉賓的那兩季中就橫向發展成這個樣子，還有足球傳奇人物馬拉度納竟然胖成那個樣子，胖到整個阿根廷國家馬戲團都可以在他的足球衣裡面搭棚表演了。再說到可憐的鮑里斯‧貝克（Boris Becker），他的頭已經大到如果想要走進掃具間，他還得先將掃具全部清空才行[9]。胖到沒有人認得出來的前拳擊手麥克‧泰森（Mike Tyson）就暫且不說了，因為他的律師肯

9　這裡是在諷刺貝克當年在溫布頓網球賽後與女模 Angela Ermakova 在倫敦餐廳（Nobu）的掃具間發生激情並生下一名女兒的新聞事件。

定很厲害，所以我就不好嘲笑他了。

「OK，尚恩，職業運動員退休之後會變胖，但是一般人不一定會吧？」

一般人絕對會更嚴重的啊！不然健身房裡的胖子怎麼會比你在酒吧跟餐廳裡看到的還要多？我最近才找到一篇研究足以佐證我所觀察到的情形：亞利桑那州立大學的研究者讓一批過胖的婦女每周站上跑步機三次，結果過了幾個月後，70% 的婦女完全沒有瘦下來，體重甚至還有繼續增加的趨勢。沒錯，這項研究真的存在。你要是閒得發慌的話，那就去驗證一下吧。比較簡單的方式就是相信我說的，你就開一罐啤酒吧。不過，我們現在繼續回到研究的話題。

運動型動物體內所增長的並不是肌肉，而是脂肪！更糟的是，凱倫覺得這根本是歪理。這到底是怎麼回事？運動只會讓屁股更大，而不是塑造出比基尼曲線嗎？是因為運動也沒有用？還是因為運動才變胖？答案就是──因為運動才變胖！那些肥胖的運動者以為自己正在跑步機上進行所謂的燃燒脂肪運動，這麼說好了，他們高估了自己可以因為運動所燃燒的卡路里，同時也低估了那些朋友們在你運動後再度餵食的卡路里。結論是，假如沒有運動並繼續照常吃下去，你現在反而可能會變瘦。

運動是肥胖的首要陷阱

不相信嗎？事實就是如此！這樣好了，我們站上標準的心肺訓練器材並像耍猴戲一樣訓練一個小時，結果燃燒了 400 大卡的熱量。超棒的，是嗎？

好了，蠢的來了，接著灌下 200 大卡的運動飲料與 150 大卡的蛋白補充棒，這樣加加減減之後，一小時的運動總共消耗了 50 大卡的熱量。區區 50 大卡的熱量，晚餐第一口就補回來了。接下來還有豐盛的佳餚，而今晚我們絕對可以盡情享用──因為剛才運動過了！是啊，剛才運動過了，所以這正是我們不會因此變瘦的原因，反而會更胖，這就是運動的肥胖陷阱！

「尚恩，那你的建議是什麼呢？」

我的建議是什麼？當然是喝啤酒配電視啊！這不但會讓我的體重減少，心情也開心，此外還省下白花花的銀子，然後又不用去沖澡。

「你的體重會減少？怎麼可能？你根本什麼也沒做啊！」

有啊，我活著啊！正因為如此，我每個鐘頭都會消耗掉 100 大卡的基礎熱量，其餘 50 大卡就靠那些複雜的運動來燃燒，諸如轉台、上廁所跟拿啤酒。

「欸！你不只是去拿啤酒而已吧？你也喝掉了吧？」

當然啊，我只是想要公平且科學地比較看電視與運動，這並不是什麼荒謬的論點。這麼說好了，一小瓶啤酒的熱量大概是 150

大卡，那正是我每個鐘頭為了生存（上廁所與轉台）所需的基礎熱量。因此，看了兩個鐘頭的電視之後，我總共消耗了 300 大卡的熱量，但是期間只攝取了 150 大卡的熱量！等於我每個鐘頭瘦掉 75 大卡耶！試想看完一季的《冰與火之歌：權力遊戲》（Game of Thrones）之後可以瘦多少公斤！

「好吧，但是我們至少必須做點運動吧？」

我的奶奶不運動也可以活到九十三歲，我們只有在活動不足的情況下才需要運動，因為比起過去，現代人的正常活動減少很多。從前叫做洗衣日，而不是運動日；除雜草，而不是背部運動；清晨擠牛奶，而不是晨間瑜珈。如果平日有在活動的人，其實也不需要運動，不然誰有看過北歐礦業（Nordic Mining）的礦工或水泥匠在做貼牆運動訓練的呢？沒有吧？你要是平常活動充足，那也不需要去運動了。其實還有很多很棒的運動替代選項，而且不僅可以燃燒脂肪，甚至充滿樂趣。以下列舉一些選項以提振諸君的想像：

活動選項	每小時消耗熱量（大卡）
看電視	100
打撞球	125
玩足球台	150
操縱搖桿	175
採買	200
烹飪	225
被動性愛	250

主動性愛	275
高潮性愛	300
大笑	325
奮力追趕鄰居的貓	350
鋼管舞	500

　　討厭運動卻想要燃燒熱量嗎？那就去採買，然後煮一頓佳餚宴請接下來要一起上床的對象！採買、烹飪與高潮性愛——這樣總共可以消耗 725 大卡的熱量！當然你也許會告訴我，原則上在發生高潮性愛之前是不可能下廚的，那我可以提供更棒的選項——吃完早餐之後就連續看電視六個小時，然後奮力追趕鄰居家的貓，等到貓卡在橡樹枝頭上無法動彈時，你就先在樹下哈哈大笑，然後再去救牠下來——這樣就可以燃燒掉 1112.5 大卡的熱量，太神奇了！換句話說，這等於每個小時可以在肚子、大腿與屁股上瘦掉 450 卡。那我們到底是為什麼要運動？

　　「呃……因為運動很健康？」

　　我們對於健康的理解是什麼？不痛的話就是健康嗎？我想想自己上次肌肉痠痛的時候（非要不可怪獸陷害我做伏地挺身），運動根本就是這世上最危險的疾病。看看一般的職業足球隊員好了——持續下去就是有人會受傷！接著在上網找找「運動傷害」，一共有 208000 筆資料！好了，不管那些健身狂人怎麼說都可以，我的看法就是——

運動讓我們生病

正因為如此，就連業餘運動員也將止痛藥當曼陀珠一樣地吞，為了就是讓自己可以一鼓作氣地加快跑完十哩路，因為誰也不想輸，而且這樣還不會感受到什麼疼痛。成千上萬的運動成癮者都開始注射、按摩並貼著滿滿的彩色貼布，於是每到下班後的聚會時，眼前看到的還真不知是個病態的慢跑者或是隻跛腳的鸚鵡。

「假如運動『過多』是種疾病，那麼『不運動』就代表健康嗎？」

「不運動」本身其實就很健康了，而且比起「酗酒」來說，「不運動」根本就是種奇蹟，而且效用會越來越明顯。我們現在得要先認清下面這件事情：

運動就像引火自焚

沒錯，我很清楚就算坐在電視機前面也是會死的，至少這種死法是安然的，因為就像平靜地睡著一樣，這種事情也時有所聞。然而，前所未聞的事情則是好端端地坐在沙發上突然起火，接著又墜崖或是被烏克蘭巨人拳擊手隔著抱枕痛毆。

為什麼這種事情前所未聞呢？因為舒適的客廳比跑道、滑雪道及拳擊擂台安全多了！奇怪的是，那些高風險的運動項目反而不是導致這些人死亡的主要原因，而是那些「極其一般」的運動。

最近有一項研究統計指出，足球是致死率最高的運動項目，緊追在後的是跑步與游泳項目。其中最安全的運動項目，也就是從 1972 年到 2014 年間只有五個死亡案例的保齡球運動。假如你聽完之後還沒有馬上想到的話——保齡球是少數邊喝酒邊進行的運動項目。

即使是看起來相當安全的瑜珈也會毀了我們的健康。《紐約時報》曾經刊登過一篇報導，結果就引來 700 則怒氣沖沖的留言——全部都是來自於無法放鬆的瑜珈愛好者。我當時覺得困惑的是，進行龜式或蓮花式的當下是要怎麼敲鍵盤留言呢？儘管放鬆激進者也不樂意聽到——瑜珈也是會致死的！就像是年輕婦女在瑜珈課程中突然腦中風的例子那樣。是的，前面已經說過了，我知道看電視也會致死，但是比起以「戰士式」的樣子死掉，死在沙發上至少看起來沒有那麼蠢。

運動導致壓力

我一開始也無法相信，不過事實就是如此。以前只要穿上慢跑鞋就可以出發去公園跑一個半鐘頭，接著回家洗澡，運動完畢。現在要慢跑前則要檢查 iPod 充好電了沒，按下播放清單並更新健身軟體，接著要吃能量棒，扣上心跳帶並穿上 Gore-Tex 防風外套。等一等，耳機跑哪裡去了？在那！iPod 怎麼會只剩下 9% 的電力？播放清單怎麼會正在撥放「最後倒數（The Final Countdown）」

這首歌，搞什麼？我那條防燒襠的高科技內褲呢？還有防腳痛的碳纖維鞋墊呢？耳機裡的耳垢是要怎麼清掉？為什麼運動褲沒有口袋？我現在是要像鑰匙兒童一樣把鑰匙掛在脖子上嗎？算了啦──我知道自己想要規律地出門慢跑，不過我以前常常還沒出門就已經累死了，結果跑都沒有跑就直接去沖澡了。

更糟的還不僅如此而已，每當我想去巴索羅布列斯運動俱樂部時，那就代表著──收拾包包，深陷尖峰時段的水深火熱，找停車位，報到，尋找空的儲物櫃，換衣服，找器材，最後還要洗澡。關於報到這件事，你問問胖子查理就知道我以前真的是連想找一台跑步機都要絞盡腦汁，最後還一無所獲！或許人們使用跑步機是為了想要在運動中排解壓力，但是偏偏還沒有站上去之前就已經為此引發焦慮，想想真的覺得很蠢。

結果這件事情還繼續變本加厲下去。最近巴索羅布列斯運動俱樂部推出「24 小時健身」──到底是誰有那麼多時間？

運動讓人寂寞

「任何豐功偉業背後都隱藏著不可小覷的問題。」此話乃千古定律。下次又有人在我們面前誇耀自己過人的毅力時，就好好回想一下這句話的意義。對於許多人而言，運動就是內心存疑的一種嘗試──目的是想要在人生之中取得絲毫的掌控權。他們想要向別人與自己證明，他們多少是可以掌握一些什麼的。無論是工作的問

題、婚姻的危機或是沉重的房貸，不過，ㄟ，也沒必要因為這樣在三小時內跑完馬拉松啊！也許沒有運動的婚姻也不會面臨危機，也許我們只需要把伴侶驅之別院就好了。我目前完全沒有這種想法，但這卻是三鐵運動員之間相當熟悉的現象。三鐵運動教練彼得‧賽門（Pete Simon）就在他的部落格《三鐵下的破碎婚姻》（Divorce by Triathlon）中寫著，「我經常問自己，這世上有多少寂寞的已婚男女也在問自己——這荒謬的鬧劇究竟何時才會落幕？」我可以這麼回答你們——永遠也不會落幕，而身邊的伴侶總有一天會離我們而去。

不過對於那些不敢提出分手的人來說，這反而是個不容錯過的好機會。設定荒唐的目標並為此參加長時間的訓練，直到伴侶舉白旗為止。每天清晨未破曉前就去跑十哩路，週末則要跑二十哩；下班後直接去健身房，毫無預警地取消與朋友們約定的晚餐聚會，為了比賽而錯過敏感的約會——像是另一半的生日之類的；成為異性運動員的粉絲，讓另一半成為健身寡婦或鰥夫獨守空閨！這樣一來，另一半退場就只是遲早的問題而已了。等到一切成功之後，接下來就是最困難的一步了——立刻停止所有訓練！如果等到解決另一半之後才發現自己運動成癮，那可真的得不償失了。

運動成癮比酒癮更糟糕

想想喝第一杯酒時的情景，其實飲酒與運動之間有著許多共通

點。兩者都是備受認可的社會行為，而且通常在發現自己或別人逾矩的時候，往往都為時已晚了。問題是——當我們因為沉迷酒精而面臨生活脫軌時，我們還可以打電話給貝蒂福特勒戒中心。然而，當我們做完「動態深度運動（Dynamic Deep Workout）」與「菲比街舞（Fab Dance）」之後還想在滿是汗水的木板地上繼續上第三堂要死要活的跳躍課程時怎麼辦？貝蒂福特可沒有提供這個領域的服務。

而這個時候因為沒有意識到過度運動的關係，因此也沒有相關協助可言。這點並不同於飲酒——過量是會立刻發現的。我最近一次在莫利酒吧喝完六瓶布魯梅爾啤酒之後，心想可以再來一杯琴通寧（Gin Tonic），然後開始模仿有妥瑞式症的外星人，這時候酒保瑞貝卡就對我喊著：「好了，尚恩，這樣夠了……」我也就聽話了。我這人還算成熟，立刻掏錢結帳並上車速速回家。如果換作是運動呢？有誰會在這種情況告訴你「這樣夠了」呢？有哪個健身教練會抽掉你腳下的墊子並告訴你「今天到此為止，夠了」呢？誰會為了你的安全而把你趕去淋浴間呢？有哪個過瘦的模特兒會被健身房列為拒絕往來戶的呢？

這正是運動成癮比酒精成癮更危險的地方——因為意識不到！下班後去慢跑，同事相約打一場網球或是「不知道高爾夫球適不適合自己？」這種鬼問題——我們不妨就承認吧——對很多人而言，運動就是生活的一部分。藉口總是三句不離，「運動可以讓我放鬆！」「我隨時想停就停」或「其他人的運動量才多咧！」

　　然而，怎樣才算是太多呢？你真的可以想停就停嗎？舉例來說，今天如果要求你一整天不准為三鐵做訓練可以嗎？我可以告訴你結果就是──無法自拔地跳入水裡游泳、踩單車，最後瘋狂地跑步，這就是典型的三鐵戒斷症狀。這是特殊案例嗎？當然不是。任何想要藉由運動「排解」人生問題的人，其實就像那些想要透過規律運動放鬆心情的人一樣危險。人生如果已經不順遂了，那又要怎麼藉由運動改善感情關係呢？

　　如果你發現身邊有任何運動成癮的朋友或擔心自己可能運動成癮的話，不妨做一下這張檢驗問卷──

尚恩運動成癮測試

1. 每個月會運動超過一次嗎？

2. 覺得自己一旦開始，就沒有辦法不繼續運動了嗎？

3. 運動已經讓你開始缺席朋友圈的聚會，或因此無法去最喜歡的酒吧了嗎？

4. 每天一早就覺得自己應該要運動，或是每天早上一定會運動，而且覺得「這樣才是好的開始」？

5. 曾經在白天想到下班可以去運動而感到愉悅嗎？

6. 家裡一定有乾淨的運動服備用，好讓自己隨時都可以上場嗎？

7. 身邊的朋友、性伴侶或是酒保曾經擔心你，或是告訴你要減少運動嗎？

如果上述問題有兩項以上的答案為「是」的話，那麼運動在你的生活中已經佔了很大的部分，甚至是不可小覷的問題了，也許你正面臨著生活脫軌的危機。很抱歉，我在這裡必須暫時嚴肅地談論這個話題，但是我把每位讀者都放在心上。假如你發現自己已經沒有辦法放棄運動了，那就要立刻採取緊急措施。

運動成癮——緊急措施

很多人應該都看過慢跑者成群穿越公園並與其他人邊跑邊聊天的景象，那就是匿名運動成癮者的聚會方式。不要怕，儘管加入他們就是了，伴侶與朋友也可以跟隨在側。此外也有各式各樣的吸菸者俱樂部、雞尾酒吧與速食餐廳，大家都可以在那裡公開談論運動的話題。大家不要誤會了——我在這裡並不是要呼籲大家不要運動，老天，當然不是。朋友相約打籃球完全無傷大雅，而且鬥牛真的超有趣的。只是請大家捫心自問一下，運動是不是真的可以有相對的回饋——時間與體力，有時候則是感情。

人生僅此一回，千萬不要蹉跎。非得要更多運動才行嗎？誰鳥你啊！

☆ 尚恩語錄回顧！☆

- ✓ 運動導致肥胖，看看那些退役的運動員就知道了。
- ✓ 大自然的榜樣——動物與昆蟲也不會運動。
- ✓ 絕佳的運動替代方案，像是購物、烹飪與性高潮。
- ✓ 看完一季的《冰與火之歌：權力遊戲》等於慢跑三小時的熱量消耗。
- ✓ 小心運動成癮！人生問題不能就此帶過。

啊，好心的讀者，請簽名，在此感激不盡！

我，＿＿＿＿＿＿＿＿＿＿＿＿，再也不運動了。

我必須少喝酒！

誰鳥你！
我們來賭一賭，讀完這章之後，
你會打開一罐啤酒，還是兩罐？

「將二十名互相不認識的人關在一間只有白開水的房間裡，那
麼這些人的對話就會越來越緊繃；如果把白開水換成酒的話，
那麼這些人就會馬上開起派對。」
——法蘭克・凱利・瑞奇（Frank Kelly Rich），
《摩登飲君子》（*Modern Drunkard*）雜誌創辦人

　　世界衛生組織指出，每五個成年人裡就有一名飲酒過量。酒鬼
偉恩就是巴索羅布列斯的代表，而我該怎麼說呢——這傢伙真他媽
的光宗耀祖啊！這年頭自然要常常留意別人在說什麼，而這個正是
世界衛生組織的再次警告，相同的組織每過幾年就要神經錯亂地呼
籲全球健康危機的議題。這個組織會定期看到人類滅亡的危機，不
管是SARS、口蹄疫、禽流感、花粉症及脊椎疾病（脊髓灰質炎），
奇怪的是我們竟然都還活著，而世界衛生組織竟然也還存在。我不

禁要問——這個因為可憐的雞屁股而將全球流行警戒等級提升到最高的組織，為什麼我們一輩子都要被他們牽著鼻子走？

世界衛生組織窮追猛打的還不僅是我們可口的啤酒，要是事情有這麼簡單就好了。他們可以動員所有人——國家機構、醫師、媒體，就連特麗莎也覺得酒是「杯裡的惡人」，而酒吧就是前往地獄的通道。看看酒吧有多重要！新聞中就經常報導人們在暴風雨的天氣或被追殺時都可以躲到酒吧裡求生！就連鐵達尼號的生還者們也幾乎都是人手一杯琴通寧——因為這些人在沉船之前並不是待在臥艙裡，而是在酒吧中。

儘管酒吧與啤酒會讓我們持續向下沉淪，但是我最近竟然在足球轉播的中場時段看到無酒精啤酒的廣告！嚇得我立刻轉台看墨西哥的肥皂劇。無酒精啤酒！各位，聽聽我這自釀酒商的真心話——任何費心釀造啤酒的人，如果在釀造完成之後又得將酒精分離出來，那就等於蓋了一棟自己夢想的房舍，最後再將內裝全部拆除的意思一樣。

下班喝一小杯啤酒的「致命」危機

我最近讀到一篇報導提到，任何在上班時間會為了下班可以喝一杯而雀躍的人，其實已經有酒癮的疑慮了。我看到時真是火冒三丈，氣到手中的酒壺差點砸到鍵盤上。

如果真的是這樣的話，那我很想要反問對方，假如我在上班時

想到晚上可以跟凱倫滾床單而興奮不已時，那我是不是就有性成癮的疑慮？假如我整天都在想晚上要去哪間餐廳吃飯的話，那算不算是飲食嚴重失調的疑慮？

這些關於酒精的流言蜚語不過都是些屁話，現今生活要與氣味相投的人一起關燈是一件非常重要的事。為什麼？哎，當然是因為要省電啊——開玩笑的啦。不是的，因為我們已經整天對著各種大小的螢幕盯著不放了，所以一起享用美酒就很重要了。

酒後吐真言

相約一杯酒，真人見真心。真人見真心？是的，這可是七十吋大螢幕平常不管怎麼按或怎麼滑都相當罕見的反應。算了。當我們與人相約喝一杯時，我們就會跟他們碰面，一杯接一杯，感情就開始增溫。飲酒就是新一代的臉書！甚至比臉書更棒，因為我們隔天就會忘了大部分的新朋友了！

所有人都在談論酒精的負面議題，但是好處明明就很多！酒精有助釋放情感並且巧妙又準確地宣洩許多人想要透過運動、壓力與全素飲食所釋放的情緒。好吧……. 誰都可以喝得爛醉，就是如此。我卻不以為然，因為有意識地釋放情感是意志堅強又成熟之士的領域，這樣的人才能在此從容應對——就像我這樣。是的，即使像我這樣可以在字裡行間揮灑文墨的人，偶而也是需要酒精才能敞開心房。美酒入喉之後，我才能釋放內心的情感並放出全世界最棒的馬

屁。難不成各位以為我是在**清醒的狀態**下寫出下面這些訊息的嗎？

好吧，各位儘管笑我好了，不過酒後吐真言的意思就是，不管
寫訊息或是更新狀態，我們只有在這個時候才會說出自己從來也說
不出口的事情。

酒後靈光一現

酒過三巡之後，我們就走進奇幻世界了。每當我想起自己在喝
醉時的所作所為時，我真的不會懷念任何其他的飲料。那都是難以
抹滅的記憶啊！像是有次我們在莫利酒吧用封箱膠帶將瑞典籍的

酒保瑞貝卡黏在天花板上，還有我們在巴索羅布列斯警局的外牆上播映那部得獎的 A 片《制服蕩男 II》——當然也忘不了那次在洛杉磯將喝得爛醉的暴躁艾倫鎖在貨櫃裡面的事件。更慘的是那個貨櫃隔天就隨著那艘中海環球號（*CSCL Globe*）一起消失了，我們那次真的笑壞了。

其中最好笑的是酒鬼偉恩在莫利酒吧裡打賭，他表示自己可以像動作片一樣穿過廁所的門。他其實也辦到了（畢竟美國那些門的品質也好不到哪去），只是他在門上留下自己身形的大洞之後就貼在磚牆上，活像被壓扁的漫畫人物一樣。

好啦，我知道這樣既危險又幼稚，完全都是些不成熟的荒謬行徑，不過難道我們周遭的世界還不夠成熟嗎？所有事情不都是得按照計畫進行嗎？因此每個地球人才有責任要做些荒謬又不成熟的事情，不是嗎？至少我是這麼認為的。當然，只要這些行徑不會傷害到任何人，這點對我來說也很重要。瑞貝卡在天花板上待了 4 分 09 秒之後，就在「刷！」的一聲中掉進我們自製的安全網裡，然後領取整整 350 美金的賭注。此外，經過那晚的色情片惡作劇之後，巴索羅布列斯分局的那些條子也添加了 HD 投影燈設備，而暴躁艾倫則是在貨輪上待了一週，而上海之旅也很盡興。他甚至還學了一點中文，回來之後每次去金鐘餐廳（Golden Gong）都還可以用中文點三十七號餐呢！

絕妙的副作用

當然這些俱樂部之夜也不是完全沒有副作用的。舉例來說，我們第一次在莫利酒吧舉辦「喝掛不用錢慈善之夜」的隔天，我突然發現我的帳戶裡少了兩千美金。我立刻驚慌失措地打電話給所有前晚一起喝酒的朋友，完全沒有人知道發生了什麼事情。我一邊發抖一邊翻找著皮夾裡的收據，結果什麼也沒有找到，天殺的我到底幹了什麼事？後來事情水落石出了，也就是我當晚除了付清了所有到期的帳單之外，我還買了一張醫療保險，然後把剩下的錢全部拿去買網飛的股票。網飛的股票過一個月後就開始漲個不停，我還因此買了第二台釀酒機。「太誇張了⋯⋯」酒鬼偉恩不可思議地向我道賀「沒想到你喝醉之後會變成股市天才！」

他說的一點也沒錯，當然不是每個人喝醉之後都會有卓越的心智產出。時間回到 1977 年，約翰・柯林斯（John Collins）與茱蒂・柯林斯（Judy Collins）就是在幾杯啤酒之後突然靈光一現地將游泳、騎單車與馬拉松結合，於是鐵人三項運動就因此問世了。大衛・赫索霍夫（David Hasselhoff）絕對也是在神智不清的情況下唱出名曲《尋找自由》（*Looking for Freedom*），至少我的期望是如此。

「好了，尚恩，說真的——至少我們可以說酒精是不健康的吧？不是嗎？」

不好意思，你說啥？這世上沒有什麼比酒精更健康的東西了！

就我個人而言，這其實不是很重要，我喝布魯梅爾濃啤酒單純是因為香醇可口，不是為了什麼長壽或抗癌的目的，不然我在敬酒時就必須要說「癌症，走著瞧！」而不是「乾杯！」或「吼搭啦！」

儘管沒有任何哈佛大學的研究可以佐證，我也知道啤酒對心血管健康有益，因為我很清楚家裡沒有啤酒時心跳會變得怎樣。除此之外，啤酒可以提升利比多（Libido）[10]，有助身體防禦感冒並且降低罹患糖尿病的風險。

遺憾的是，酒精的所有優點都是「適量飲用時」才出現的額外效果。至於酒精的健康範圍，我可以向各位讀者保證，就算是專家之間也眾說紛紜。各位可以帶著懷疑的心情來看看奧地利健康管理局的建議——男性只要每周乾掉超過六十三杯酒精飲料就算是有害健康的行為。沒錯，各位沒有看錯——六十三杯酒精飲料！現在大家應該都會一致認為奧地利是全世界最偉大的國家了吧。

藉酒止痛

當我還沒有跟特麗莎分居以前，我一直有長年背痛的問題，而性生活其實是主因。無論用藥與運動量怎麼增加，背痛的情形只是每況愈下，直到我痛到再也沒有辦法運動為止。馬約診所與網路醫生（Netdoctor）的線上診斷都一致推論——血清反應陰性關節炎，

---

10 根據佛洛伊德理論的核心－利比多理論，利比多為生而為人最原始的慾望，即為追尋快樂的本能。

不開刀治療，最後就只能坐輪椅了。當時我的身體其實也在告訴我，「好了，尚恩，你自己很清楚網球、慢跑與巴索羅布列斯運動俱樂部都行不通，試試看別的方法吧！」

後來我就找酒鬼偉恩一起到墨西哥提華納（Tijuana）一趟，那裡是位處於加州與墨西哥邊界的墮落狂歡小鎮。我們在那裡有沒有狂歡呢？哼，天殺的王八蛋！我在這三天之中，從第二天開始就印象模糊了，隱約記得「驚恐龍舌蘭大賽」那座寒酸的塑膠獎盃以及一張超過五萬披索的罰單──似乎是因為我全裸闖進索羅斯（Xolos）對戰恰帕斯（Chiapas）的足球賽事並導致比賽中斷的關係。好在有球迷拍下的照片作證──我們並不是真的全裸，因為我們小弟弟上都戴著龍舌蘭的紅色小帽子做偽裝。

撇開這些樂趣不說，因為在那該死的回程上，各位知道嗎？我的背不痛了！我完全不可置信，我還拜託偉恩停下車並在路邊踩上我的背──完全不痛！我真是開心到一個不行，這根本就是「提華納的奇蹟」啊！我後來向來自德國的復健治療師柯爾特（Kurt）諮詢這件事情，而他也證實──那顯然是大量酒精與狂歡放鬆了我緊繃已久的肌肉，而且將所有阻塞的地方都疏通了。我同時也在那狂歡與熱舞中練出了肌肉，我不想亂打包票，但是幾乎有一半的美國人為背痛所苦，而我也突然想到下一本書的主題了──「提華納之道──狂歡止痛！」

「尚恩，這故事真的很有趣，但是腦袋神智不清，就算背很健康又怎樣？」

不可思議的腦容量

怎麼會神智不清呢？大家對於腦容量根本一無所知吧！這麼說好了，要是各位知道的話，那麼一定會恨不得把窗戶打開並對著馬路大喊，「好了，該死的王八蛋！我根本沒想到我的腦容量竟然他媽的這麼大！」

說真的，過去有不少報導指出，儘管大腦將近 90% 受損，剩下的 10% 也可以相當有效地運作。我想喬治·布希（George W. Bush）應該就是歷史上的一個例子吧？什麼？他還活著？抱歉，活生生的例子。我最近在多特醫生的診所等候尿酸檢查報告時在一本《讀者文摘》上看到一則廣告，上面寫著人類平均只使用了大腦容量的 10% 而已。這太神奇了吧？ 10% 而已耶！那也就是說，有將近 90% 的腦細胞都可以讓我們盡情喝到神智不清，儘管如此我們也還是有辦法從夏威夷駕著波音 747 飛往洛杉磯（假設有受過相關訓練的話）或是學習斯瓦希里語（Kiswahili）──我最喜歡的班圖語。

「抱歉，尚恩，不過這聽起來真的太扯了，我根本沒辦法繼續相信你了！」

好的，雖然有點不自在，但是我也必須承認自己卑鄙又虛偽地隱瞞了一項重要資訊──酒精根本不會殺死腦細胞！關於喝酒會殺死上百萬個腦細胞的說法完全只是禁酒時期的卑劣謠言，偏偏這道聽途說的謠傳還是繼續甚囂塵上，儘管學者早已經透過比較酒精

健康

成癮者與禁酒者的腦細胞來推翻這項謠言也一樣。研究比較結果發現什麼了嗎？我說的是真的，根本沒差！

飲酒五悔

　　大家可能知道《飲酒五悔》這本書，德文版則是譯作《去酒吧最後悔的事》。計程車司機波妮‧倫姆撰寫這本書的主因就是──她每天晚上從酒吧載客人回家時總是不斷地聽到相同的苦澀自責，「每當夜晚接近尾聲的時候，就是人們最低潮的時候，」倫姆表示「他們知道，對自己而言，這夜已經徹底的結束了。」而這些人在離開酒吧時最後悔的事情就是──

1. 早知道就待久一點。
2. 早知道就跟大家乾掉那一輪野格酒（Jägermeister）。
3. 早知道就跟那個酒保搭訕。
4. 早知道就跟其他人一起留下來。
5. 早知道離開前再去上一次廁所

　　各位下次在酒吧想要起身回家時，不妨就想想這些悲傷的句子吧！趁自己還沒有坐上計程車，還沒有鑄下大錯之前，好好地咀嚼一下這些早知道吧！

飲酒也曾是件很酷的事

其實也才不久以前，人們竟然開始會在吧檯點一杯現擠檸檬飲品。而數十年以前，下班後與同事相約喝一杯根本就是「酷」的代名詞，上班時段喝一杯就更不用說了。

各位也許知道電視劇《廣告狂人》（*Mad Men*），劇本就是以 60 年代的紐約廣告業為背景，而主角從第一季到最後一季其實都是處於爛醉的情況。廣告公司老闆唐‧德雷柏（Don Draper）每天一早西裝筆挺地走進辦公室後就會先乾掉一杯波本威士忌，而任何走進他辦公室並丟出最雞毛蒜皮問題的人，也會拿到一杯威士忌。

真相就是，飲酒曾是這麼酷的一件事情，如今喝酒卻成了所有問題的根源，而酒精好像就是犯罪率增長的元兇。這根本就是含血噴人！上一次酒精造成美國犯罪率成長已經是禁酒時期的事了，而我則是認為，喝酒的人口越多，犯罪率反而會降低──這當然只是我的推測。

飲酒助長犯罪？

我之前曾經追問過巴索羅布列斯分局的局長羅伯特‧布爾頓（Robert Burton）一件事，「羅伯特，身為刑事官員，你有沒有在喝醉的情況下偷吃過漢堡？」

「絕對沒有！我們根本不喝酒。」

「那你認為巴索羅布列斯的犯罪事件中，有多少比例是飲酒肇事的呢？」

「大概四分之一，我認為。」

「謝謝。投影機可以還給我們嗎？」

「不行。」

各位看到局長羅伯特·布爾頓針對社會事件的說詞了沒有？投影色情片事件都已經過了兩年了，我們的投影機竟然還被扣留在警局！當然，有趣的是，四分之三的犯罪事件都是那堆白癡在清醒時所犯下的案件。為什麼會這樣呢？原因也很清楚了──灌下一手布魯梅爾濃啤酒與三杯蘭姆酒之後，怎麼可能還有辦法闖入銀行，更別說是在保險庫裡的雷射光束中穿梭了──以為是在演電影《神鬼尖兵》（Sneakers）嗎？而且喝完五杯啤酒及三杯邁泰（Mai-Tai）調酒後，鬼才知道我是要怎麼開車逃命？飲酒究竟是怎麼助長犯罪的呢？各位好好認清真相吧，那些清醒的同胞們才是危害社會的根源。

前車之鑑

即將成為前妻的特麗莎基本上是滴酒不沾的，因為她擔心喝酒會改變她的性格。真的很遺憾，畢竟要是她性格改變了，我們的婚姻可能還有救。某天晚上她對我坦承，她認為我喝太多酒了。她甚

至逼我做《讀者文摘》裡的一項測驗，而結果顯示我喝酒似乎已經喝到極度危險的境界了。正如我們的婚姻一樣——這話我當然沒有說出口，儘管關係如此緊繃，我還是試著保持客觀與公平。所以我這樣回答她——

「特麗莎，妳知道誰也像妳一樣滴酒不沾嗎？」

「不知道，誰？」

「嗯，希特勒，他也滴酒不沾。」

―――― ☆ **尚恩語錄回顧！** ☆ ――――

 早期有更多喝得爛醉的人。

早期有更多喝得爛醉的人。

背痛？根據提華納定律，狂歡可治背痛。

不要太早回家，想想飲酒五悔。

四分之三的犯罪事件都是由清醒的白癡所犯下的。

希特勒也不愛喝酒。

啊，好心的讀者，請在此簽名！

我，＿＿＿＿＿＿＿＿＿＿，酒絕對不少喝！

非要不可！

喔？為什麼一定要健康？

「死亡與我們無關。人只要還活著，那就還沒死，
而當死亡降臨時，那我們就活不了了。」
——伊比鳩魯（Epikur），希臘專業園丁兼業餘哲人。

　　我樂於承認一件事——我曾經是全加州慮病症最嚴重的人。我總是在擔心自己是不是生了什麼病，至於原因我也不清楚。關於自己可能其實很健康的想法就是一直沒有出現。我與我的身體並沒有維持一種友善和諧的關係，反而一直覺得它像顆不定時炸彈，隨時都有引爆的危險。假如我沒有辦法拆除那顆炸彈，那麼我就會想要搞清楚炸彈什麼時候會爆炸，而那又會是什麼樣的炸彈。想要打噴嚏時，我會先在網路診斷中輸入「打噴嚏」三個字，而不是趕快先抽一張面紙；口渴時不是先倒杯水，而是趕快去買糖尿病試紙；忘記手機密碼時，我會立刻登入失憶症論壇爬文，登入前得要先註冊

並設定密碼，而且「忘記密碼」也沒關係，按一下「忘記密碼？」鍵即可──我覺得這樣挖苦人也太不像話了。

最令我恐懼的就是境外流行病了。某種疾病在地球的某一角爆發後，我就會立刻使出渾身解數保護自己。就在伊波拉病毒還沒有登上頭條以前，我早就將黃色防護衣囤在車庫裡了。另外，我也把我的家庭醫生換掉了，因為他就是沒有辦法接受我是罹患特別嚴重的霍亂，而不是味精不耐症。

「你應該要先查詢一下慮病症的定義才對！」伯納爾出版社的編輯羅伯這麼建議我。

「誰鳥你啊！」

「這麼說也對。」

我當然還是去查了一下慮病症的定義。我的為人其實很簡單，不過寫書當然還是要以知識為基礎才是。於是我就上維基百科並輸入「慮病症」（Hypochondriasis）這個詞，發現這字是希臘語，很多譯名都與「肋骨下方」有關。古希臘人自然是認為所有與心性有關的疾病都源自這個部位，如今我們才知道心性疾病的根源並不是在肋骨下方，而是在巴索羅布列斯以北三小時車程的山景城露天劇場大道 1600 號──谷歌總部。

源自山景城的恐懼

就我的個人經驗而言，谷歌對於慮病症患者來說就像是一塊磁

鐵。山景城的搜尋器讓那些毫無根據的擔憂徹底地在重病之前爆發，而這個新病症其實也已經有專屬名稱了——谷歌炎（Google-itis）。我在線上醫生網頁查詢，是不是真的有谷歌炎這樣的病症？結果線上醫生表示這根本就是無稽之談。原因是「炎」這個字在醫學上指的是發炎，那麼谷歌炎就不是使用者的問題，而應該是谷歌本身發炎了才對（就像盲腸炎一樣）。說的沒錯，我後來想了想，這占地 287999 平方米大的谷歌總部是需要動員多少護士來抹消炎藥呢？

我們再回頭談談過去那個飽受各種病症困擾的我，有時候還不只一種。某天晚上，就在我與酒鬼偉恩徹夜狂歡並回到家後，我突然覺得身體不舒服。走路搖搖晃晃的，頭暈想吐，我開始感到不安。我立刻抓起 iPad 並點開馬約診所知名的線上症狀查詢系統（馬約診所的網頁真的是最棒的，上面的絕症選項遙遙領先其他同業）。我輸入「頭暈想吐」之後，接著按照慣例就是一系列的基本問答題——

這個症狀已經持續很久了，還是突然出現的呢？

剛才才出現。

症狀在頭部晃動時會加劇嗎？

會！

精神錯亂？

疑似。

口齒不清？

毫無疑問！

走路時會暈眩？

欸？我剛才已經講過兩次了，是怎樣？！

心律不整？呼吸急促？焦慮？

對對對。

　　然後我按了「病因搜尋」鍵，結果眼前就出現彷彿會出現在好萊塢電影排行榜上的死因——腦溢血！我開始全身發熱又冒汗，接著覺得天旋地轉——我知道自己時日無多了。就在此時，我發現特麗莎穿著睡衣站在門邊打量著我。

　　「特麗莎！我快中風了！我們必須立刻去醫院！

　　「我來猜一下——馬約診所線上症狀諮詢？」

　　「妳怎麼知道？」

　　「因為你前天就得過伊波拉病毒，上星期還得了霍亂，而且還因為瘟疫取消我的生日派對。」

　　「那是口蹄疫，不是瘟疫！」我超討厭特麗莎搞混我的病因。

　　「尚恩，你只是喝醉了。我要睡了，你現在給我去喝水！」

　　「喔，好……」

　　結果我就冷靜下來了，然後還真的去倒了一小杯水。當我嘗試想喝一口水時，我的喉嚨竟然開始緊縮——我就是沒有辦法嚥下那一口水！我焦慮地在諮詢網頁輸入「吞嚥困難」這個症狀並回答那些亂七八糟的爛問題，接著深吸一口氣並按下「病因搜尋」鍵——

「喔——不——不！！」我開始上氣不接下氣，我知道自己必須要取消所有事情——安德森家的聚餐、墨西哥度假之行，甚至聖誕節也要取消了。天曉得我活不活得到聖誕節！我必須要打電話給我的爸媽，提醒他們不要等到最後才匆匆忙忙找禮物，而是現在就要立刻買禮物給我。我開始滑手機然後……

「尚恩？」我嚇了一跳並抬頭看著特麗莎，她正不耐煩地站在門邊。

「尚恩，你現在是想怎樣？」

「咽喉癌！！！」

「晚安。」

事後回想，我真的要感謝特麗莎，因為她從來沒有認真看待這些事情（其實她根本不曾認真看待過我的任何事情，不過這件事情反倒有意外的效果）。我自然也會好奇，自己為什麼會對重症如此恐懼擔心呢？酒鬼偉恩認為我的恐懼來自潛意識中對於死亡的嚮往，畢竟如果我與特麗莎生活的時間越久，生不如死的歲月就會越長。這當然一點根據也沒有——特麗莎也可能比我早死，像是發生重大車禍之類的，而且最好就是在下一次啤酒節開幕前與安德森一家一起同歸於盡。多特醫生說維基百科上關於健康議題的文章中，十篇有九篇謬誤百出。我則是反駁說那些謬文其實與我互不相干，因為我讀的文章都不會有錯。最後他跟我的朋友們都放棄了，他們不管怎麼樣也沒有辦法說服我。最後莫利酒吧就出現了這樣的笑話，「尚恩好得很，病越重，他就越開心。」

　　我到現在才明白，當時其實並不想要身體健康。我若是真的想要健康的話，我就必須要實際面對自己的問題——貸款、工作與特麗莎。

　　各位知道，我最後是怎麼治癒的嗎？不，不是因為與特麗莎分居的關係，這麼說就太差勁了。這些症狀早在分居前就治好了，主因就是寬頻電信公司 AT&T 差勁的服務——他媽的整整五天沒有網路跟電話，甚至連電視也沒辦法看——也就是所謂的三合一。這種事情居然會發生在加州，這裡可是科技創新的劃時代中心啊！我竟然無法針對「皮膚上的黑點」查詢，也沒有辦法在失憶症論壇查詢我在腦溢血論壇的登入密碼。我氣急敗壞地跑到 AT&T 的門市大鬧一番，然後誰要是在莫利酒吧借我用手機上網，我就請他喝啤酒。直到我再度進入網路世界之後，我得到以下確診——我還活著。

　　雖然還是擺脫不了伊波拉病毒、禽流感與 SARS 的糾纏！不過這些疾病似乎在離線的狀態下也沒有辦法進一步發展——這讓我感覺好多了。好到讓我跑去找多特醫生，告訴他我的病已經痊癒了。我還讓他做檢查，結果顯示就我這年紀的人而言，我的身心都很健全。然而，多特醫生還是略帶疑慮地交給我一張檢查表，而且是他特別為我製作的。

多特醫生——慮病症核對表
（尚恩・布魯梅爾）

症狀	恐為……	實為……
頭痛	腦瘤	宿醉
咳嗽	肺癌	感冒
胸痛	心臟病	胃食道逆流
背痛	腎衰竭	肌肉拉傷
疲倦	甲狀腺功能低下	睡眠不足
頻尿	糖尿病	喝掛不用錢慈善之夜
發燒	伊波拉病毒	請關冷氣
腹瀉	霍亂	喝超過六杯啤酒
氣喘不止	氣胸	T 恤太緊

　　各位明白我的意思嗎？自從我將沒有用的 AT&T 從網路刪除之後，我就知道那些古希臘人根本就是在自欺欺人，而一切恐懼的源頭都在山景城。這些恐懼自然也只能待在那裡。如果各位家中網路速度很快，而且老是愛為健康問題東想西想的話，那請各位好好看一下這些建議。這些都是我與凱倫、偉恩與莫利的酒保瑞貝卡一起精心規畫出來的建議。

絕對不要上網搜尋自己的症狀！

　　凡是找谷歌問診的人，得到的診斷絕對會比一般醫師的診斷

更嚴重。請各位思考一下，任何白癡都可以上網，但是並不是任何醫師都是白癡。基本定律──每種症狀都會讓你找到相應的病症，要是衰的話還會被雅虎知識（Yahoo! Answers）或維基指南（WikiHow）這些惱人的網頁纏上。搜尋症狀本來就是一個非常糟糕的想法，比利時健康管理局甚至還為此特地成立專案。各位不如搜尋一下「千萬別搜尋」好了！

對自己的身體有信心！

　　要與身體為友！要當最好的朋友！如果身體不再無微不至地照顧我們，那麼我們早就不在人世了。不要老是懷疑自己最好的朋友，要像對待摯友那樣與自己的身體相處。對方渴了，就端一杯啤酒；對方餓了，就煎一塊牛排送上；對方要是發牢騷，就帶著微笑應對。

放輕鬆！

　　當你坐在機艙時，每隔幾分鐘就會按一下服務鈴並焦急地問空服人員，「剛那是什麼聲音？狀況不好嗎？我們要死了嗎？」我知道你不會這樣的。登機之後，你會詢問機長今天的心情好嗎？然後就可以安心等待降臨目的地。你心裡明白，飛機本來就會有些聲響，而這些聲響就代表著──飛行中。我們的身體其實也會一直發

出聲音，各位怎麼就不會因此焦急呢？腸胃蠕動的聲響，腳關節的聲響，耳鳴時的嗡嗡響——不是嗎？身體也會發出聲響的，而這些聲響就代表著——我們活著。還是各位有聽過屍體放屁的嗎？

不要無時無刻都在擔心害怕！

我知道這話聽起來平凡無奇，不過那是因為各位還不認識我那不同凡響的「拒當俘虜之豬羊變色」練習！我之所以會有這個練習的想法是某次必須與凱倫在半夜穿越巴索羅布列斯市立公園的關係，因為公園裡那些看起來邪門歪道的人總是讓她有些害怕。我問她，「拜託，凱倫，明明就什麼事情都還沒有發生，妳為什麼就要覺得自己像個受害者呢？這種感覺很正常啊！妳想想，今天不是只有他們會攻擊妳，妳也有可能攻擊他們啊！」

凱倫有些不可置信地看著我說，「對耶！你說的沒錯！」然後她就趾高氣昂地對著那群眼神空洞又戴著帽子的人跑去，然後拿出電擊棒對他們吼著，「哎，你們這群敗類聽好了！錢跟手機交出來，不然老娘就把你們的腦漿全都電出來！」

那畫面真是令我印象深刻。凱倫最後奪走兩支三星 S6、一支 iPhone 與 311 元的美金，儘管我們最後還是把手機跟錢還給那些嚇得屁滾尿流的人了，但是我們卻再也沒有在公園看到他們了。

☆ 尚恩語錄回顧！☆

☑ 你沒有感染伊波拉病毒，只是覺得有點熱而已。

☑ 任何白癡都會上網，但是不是任何醫生都是白癡。

☑ 要像對待摯友一樣與自己的身體相處（漢堡、啤酒，微笑面對批評）。

☑ 疼痛與聲響代表著一件事情——我們活著。

☑ 絕對不要用谷歌查詢症狀，最好用雅虎搜尋。

好了，現在覺得如何？各位還是覺得自己絕對有什麼問題嗎？太好了。要是各位在看完這章有覺得更勝以往的話，那請在下面簽名：

我，＿＿＿＿＿＿＿＿＿＿＿＿，肯定有什麼問題嗎？誰鳥你！

我必須與伴侶同床共枕

為何共枕會讓負擔加倍？
為何自己睡反而比較好？

> 「歡笑，世界就與你一同歡笑；會打呼的話，
> 就自己一個人睡。」
> ——安東尼・伯吉斯（Anthony Burgess），空談家

　　說到睡覺這件事，我的認知中只有兩種人——第一種是睡得好的人，另一種就是老是躺在那想東想西的人。當我還是特麗莎的丈夫時，也就是會做運動跟去上班的那時候，我就是屬於第二種人——我根本就是「失眠之王」來著，睡眠障礙的王位非我莫屬。

　　不管有多累，我就連枕頭都還沒有碰到，腦袋就開始像洛杉磯上空的警備直升機一樣開始轉個不停——可惡的老闆一心想要賣掉那台六十吋的國際牌電視，結果卻發現我用那包裝大紙箱當床睡，怎麼辦？莫利・麥克格雷格要是破產關店了，怎麼辦？酒吧變

成素食餐廳，怎麼辦？如果民主黨對於阿拉伯世界的國家體制始終束手無策，怎麼辦？我在床上思考各式各樣根本不會實現的世界大事，但這些問題真的就在我的枕邊。每當又到清晨破曉時，我就會更氣自己，然後一再地咒罵那句話，「現在還不快睡是想怎樣！」

一入眠成千古恨

當時世界大事想破頭是一回事，而另一件事自然就是即將成為前妻的特麗莎了。我當時實在沒辦法接受分房睡，那不是既反常又逆天的事情嗎？這樣應該要坐牢吧？好吧，坐牢應該也沒那麼糟糕，畢竟大家也知道我在牢房裡睡過──那天晚上沒有特麗莎。想想以前真的很慘──每天晚上她都會把棉被捲走，邊拉還邊怪我搶她的棉被。除此之外，她常常躺在床上讀那些秘教書籍，讀到睡著又不關燈。等我把燈切掉之後，她就會突然醒來並對我怒吼，「尚恩，你沒看到我在讀書嗎！？」

要是衰神罩頂的話，她一邊讀書，還要一邊將冰冷的雙腳掛在我的腳上取暖。假如我就這樣睡著了，她會捏醒我並對我說，「你一直對著我吐氣！」「你躺到我這邊了啦！」「你打呼太大聲了！」

我很快就開始害怕睡在她旁邊了，因為我只要一睡著就開始打呼，這樣我就會被捏醒。我覺得那樣很不講道理，但是特麗莎卻認為那是因為我做錯事，那麼她就必須捏醒我才能提醒我。儘管我覺得人在睡覺時根本不可能犯錯。無奈她根本不理我怎麼說，她的回

應是，「明明就是你打呼，又不是我，我才是受害者，好不好？」

為了解決我害怕睡著的問題，我們終究做了這樣的協議——假如我吵到她了，她不可以捏我，而是要用撫摸的方式提醒我。她一開始也相當理智地接受了，只是沒料到後來這種舉動卻會把我嚇醒——因為我誤以為她要跟我做愛。

睡眠不是負擔

最後我拜託特麗莎，以後我打鼾的話，還是把我捏醒好了，然後我再來想想，自己應該要怎麼睡才好。聽起來很瘋狂，對吧？睡眠這件事情也太折磨人了！關於這個問題，我也得到許多建議，就連問題本身也會給我建議。特麗莎認為，最好的方式就是，我等到她睡著了再上床睡覺。我聽了很開心，「至少她也算是關心我……」直到我第三次在餐桌上醒來時才發現，特麗莎關心的根本只有躺在雙人床上溫存的自己而已。與其說是她給我的建議，還不如說是她的解套方式。

就連酒鬼偉恩都會關心我了。他認為睡眠對於健康來說非常重要，於是建議我晚上吃兩顆煩寧配一瓶便宜的紅酒一起灌下去，外加一點大麻。我則是回答他，我是想要好好睡覺沒錯，但是並不想就此安眠。另外，顯然我的鄰居喬·安德森也知道我會整夜在家裡走來晃去的樣子，而他就主動地告訴我一個對抗睡眠障礙的祕方，「尚恩，你聽聽我的做法。如果我想要睡覺的話，我就會在腦海裡

回想那一整天發生的所有事情；怎麼起床的，怎麼刷牙洗澡的，接著又換上什麼衣服；早餐是吃什麼樣的穀片，開車上班的路上又發生了什麼事情。」

「然後呢？」我問「這樣有用嗎？」

「非常有用。尚恩，你知道嗎？我的人生有夠無趣的，通常腦海的畫面還沒有轉到上車以前，我就已經睡著了。」

可惜我的人生還沒有無趣到那種地步。仔細想想那也太悽慘了，於是喬的祕方對我來說也宣告無效。我連上車的畫面都還沒有走到，雙手的指甲早就把被子抓皺了。後來連我媽都已經注意到我的黑眼圈了，她要我試著不要把上床睡覺想成是一種負擔才對。她這麼說當然是出自好心，但是我要拿特麗莎怎麼辦才好，立刻讓她去睡沙發嗎？

我當然也沒有放過任何健康網頁的助眠祕方，那些秘方大家應該都很熟悉——臥室要保持黑暗，不要太暖，也不要太吵，因此睡前要關掉所有電子用品，接著將寵物趕出房門，而且晚餐要清淡或不要喝任何刺激性的飲料。到底是把我們想的多愚蠢？講的好像是我們三更半夜都會啃一公斤的烤肋排配紅牛提神，而且還要把電視、暖氣與所有電燈都打開，最好家裡養的鬥牛犬還要一起上床陪睡，你嘛幫幫忙！

我後來開始服用安眠藥，這樣我就可以睡著了——而且顯然不只會在床上睡著而已。某天早上，特麗莎在一塊冷凍披薩的鋁箔紙包裝上發現我的防磨牙套，還有一次是我在凌晨四點二十三分更新

臉書狀態，「臉部朝下墜落，我沒事！」並貼了一張我家樓梯間的失焦照片。

後來特麗莎言之鑿鑿地告訴我，我吃了安眠藥之後，晚上都會不斷向她求歡。我實在嚇得頭皮發麻並立刻打電話給多特醫生——安眠藥的副作用該不會是「陰莖躁症」吧？

多特醫生說他沒有聽過「陰莖躁症」這樣的問題並且建議我停用安眠藥，於是我又開始喝啤酒了，很多啤酒，多到不可思議的啤酒。這樣我就可以睡死，只是半夜又得要跑廁所，這樣又會吵醒特麗莎。於是我改喝紅酒，結果呢——我半夜還是會醒來，沒有原因，因為不是尿急的關係。我只好來硬的了——有天晚上我搜尋到一個「喝酒長大的」白俄羅斯人，那個知名的保加利亞網頁上提到酒精會干擾睡眠，甚至會讓人睡不著——特別是體內酒精開始分解的時候！這話就很明白了——我之所以會在半夜醒來，就是因為我還不夠醉！

終極睡眠方程式

我興奮地拿起電話撥給酒鬼偉恩，他似乎是吃了兩顆煩寧配便宜紅酒的樣子——沒有回應。隔天我就在即將成為前妻的那位太太面前，面對著她懷疑的眼神，灌下足夠讓我一覺到天亮的酒精。

就這樣過了幾個晚上，我與特麗莎也不時會唇槍舌戰一番，不過我終於可以透過自身經驗與大家分享我推估出來的簡單公式

$$預期睡眠時數$$

$$+\ 睡前所需時間$$

$$=\ 需要喝的杯數$$

舉例來說，假設我想睡 8 小時好了，而打算 4 小時後上床睡覺，那就是 8+4=12！這樣是不是很神奇？只要 12 杯美酒就可以辦到了──例如 1 杯氣泡酒、9 杯啤酒，再加 2 杯琴通寧，這樣就可以一覺到天亮了！所有內科專業的妻子們都可以為此作證，我那藉酒睡到飽的一週既好玩又有效。然而，我後來也不太常需要躲在被窩裡看 NBA 集錦看到睡著了，不過後來這個方法也出現了一點小問題。我越來越常發現自己需要很大的體力才能完成一些複雜的事情，諸如起床、關電視或向鄰居打招呼之類的。特麗莎那一陣子也因為我的打鼾聲而買了耳塞，直到我發現她不只是睡覺時戴著，而是只要我在她身邊時，她經常都會戴著耳塞，於是我喝酒的數量就開始大幅銳減了。

關於睡眠品質遭受評價的惡夢

現在大家一定以為在喝酒數量銳減之後，我的睡眠品質就會立刻恢復到保加利亞神奇方程式之前的狀態了。唉唉，老實說，是變

得更糟了，而且睡前的壓力這麼大，彷彿我的每一夜都得被放在亞馬遜上接受評價似的。大家想一想——我當時根本還不是作家就已經會夢到評價了！主題還是我的睡眠品質！

★ 一點屁用也沒有

評價主題：尚恩的睡眠品質 2014 年 9 月 11 日

評論者：史蒂芬‧M

我一直都是布魯梅爾的支持者，但是今天晚上根本一點用也沒有。輾轉難眠了一夜，燈開了又關，慌慌張張地點開手機……布魯梅爾一點忙也沒有幫到！

★ 膚淺，完全沒用

評價主題：尚恩的睡眠品質 2014 年 9 月 14 日

評論者：武夫伯格（Wulfberger）

布魯梅爾是怎麼了？昨晚真是讓我失望透頂了！

他第二次跑到廁所去擤鼻涕時，那真的是爛到極點了。特麗莎也太可憐了！真是可惜！

★ 這一夜糟糕到難以超越！！！

評價主題：尚恩的睡眠品質 2014 年 9 月 17 日

評論者：M‧巴爾斯

我每天都會嗑下布魯梅爾之夜，但是這絕對是最後一次了！

我可是抱著一絲希望抗戰到天空出現魚肚白，不時希望會出現轉機……我再也不會相信布魯梅爾了！

　　連續三次對於前一夜的評價都只有一顆星！以為我不知道自己的睡眠品質有多差一樣，是要提醒我是嗎？！我走投無路了，幸好我的婚姻也走到盡頭了——就時間上來說明好了——我最後一次夢到評價的時候，正好是特麗莎離開我的前一週。我突然就變成一個人了，而恢復單身的第一夜也讓我記憶猶新。我睡得超好的，幾乎就像是在拘留所那樣！

　　沒有人跟我搶被子，沒有人會把冰冷的腳硬靠到我身上，而且我非要起床撒尿時，也完全不需要有罪惡感。床笫之間萬事太平！寬敞、安靜又沒有女人！

公然違反日內瓦公約

　　我再為各位說明一次助眠的訣竅，大家聽好了——所有關於助眠的文章中，從來沒有任何一篇會告訴我們——枕邊的伴侶才是睡眠障礙的主因！床墊、酒精、缺乏運動、飲食負擔、燈光、室內溫度，甚至家裡那虛張聲勢的公貓都會被趕出房門，偏偏只有枕邊人不會被趕出去。枕邊人顯然就是個禁忌，為什麼呢？這該不會是使徒時期為了保護婚姻的陰謀吧？這個陰謀甚至已經滲透《男人的健康》（*Men's Health*）與《美國女性》（*American Woman*）的

編輯部嗎？還是說一般人的心中都已經有這樣的共識——要緊緊貼著心愛的伴侶睡覺呢？那對我而言卻是剝奪睡眠的一種折磨，而我這麼說一點也沒錯，因為凱倫告訴我這樣顯然是違反了日內瓦公約。我的前妻違反日內瓦公約嗎？這個問題我肯定要找我的律師好好討論一下。

那麼現在呢？請各位相信我，我現在開心的是自己與凱倫不只是分房睡，而且根本沒有住在同一個屋簷下——至少沒有每天都住在同一個屋簷下。正是因為彼此相愛，所以才沒必要每天早上都得看到對方像是被中情局丟出黑色廂型車的模樣。研究睡眠與婚姻關係的頂尖學者也這麼認為，而最新的研究報告也證實，多數人在單人枕頭的情況下可以睡得更好。

「確實很有可能是這樣，但是我們在床上也不是只有睡覺而已——那擁抱跟性愛怎麼辦？」

提出這個問題的人顯然這輩子還沒有上過色情影片網頁，我當然也沒有，但是我想要說的是——這種網頁上有各式各樣的選擇，就是沒有「在床上做愛」的選項。各位要是擔心沒有同床就等於犧牲性生活的話，那就諮詢一下影集天王查理‧辛（Charlie Sheen）好了。他曾經與兩位超火辣的色情片女優在同一屋簷下生活了一段時間，而大家猜猜看，除了試過各式各樣的性愛姿勢之外，這三位俗咖當時是怎麼睡的呢？沒錯，就是分床各睡各的。

—— ☆ **尚恩語錄回顧！** ☆ ——

 別讓睡眠成為一種負擔——請分開睡！
 正是因為彼此相愛，所以才沒必要每天早上看到對方像剛被
嚴刑拷打般的模樣。
☑ 同床共枕違反日內瓦公約。
☑ 世界各國的色情網頁都沒有「在床上做愛」這個選項。
☑ 要是半夜醒來的話，那代表睡前喝得不夠多。

若您現在是清醒的，那麼麻煩在下面簽名。

我，＿＿＿＿＿＿＿＿＿＿，沒必要與另一半分享同一張床！

Ernährung

營養．

不管是醉心於環保意識的蔬菜薩拉菲主義者（Salafist），

還是老到無法想像的古巴人與全素主義者，

對於營養的堅持皆無法遏抑。

營養議題在這個世代所引起的激烈討論，完全不亞於性愛議題在過去所引起的論戰。兩者的差異在於——我們以前可以隨心所欲地吃東西，但是上錯人就得接受社會的撻伐。如今我們想上誰就可以上誰，但是要是飲食稍有偏差，就會被那些高傲的蔬菜大師們氣呼呼地鄙視為無知的雜食動物。這到底是怎麼回事？道理很簡單——

食，性也

此外，飲食對於某些人來說就像是在信奉宗教一樣，至少他們抱持著堅定的信念認為——喝南瓜薑湯就是一種生活型態。這其實也無可厚非，飲食說真的也比宗教實際多了，畢竟我們可以自己作主並決定，要攝取什麼來貢獻給光明的身體。培根起司漢堡當然從不曾被列入考量，而這正是問題所在，因為這些為了讓身體清新光明而擇食的人，往往覺得自己在飲食議題上高人一等，旁人甚至也可以感受到這種氣勢，我在研討會上都管這種效應為茄子光環（Auberginen-Aura）[11]。

某次搭機時，坐在我旁邊的全素乘客給我一種活生生的壓迫感，正如鄰座另一位薩拉菲主義者[12]一樣。這兩個人完全不需要

11 茄子光環（die Auberginen Aura）說的是「紫色光環」，有淨化心靈的意味，作者用茄子取代紫色是一種諷刺。

12 「薩拉菲（Salafi）」一詞在阿拉伯語是「先人」的意思。此伊斯蘭教極端派別的價值觀和信仰宗旨就是要追隨祖輩的遺訓，懷舊並且按照伊斯蘭最高經典《古蘭經》的教誨行事。

開口就可以讓我覺得糟糕透頂了。全素者用告誡的眼神盯著我點的豬肉丸，而薩拉菲主義者則是盯著我手上的《花花公子》雜誌。全素者的無聲譴責意味著，「可憐的豬啊！」而薩拉菲主義者的眼神也意味著，「你這可憐的豬（色鬼）！」雙方竟然就這樣不加掩飾地表態著——我已經長大成人了！這都是我爸媽的養育成果！拜託好好看一下我現在是怎麼樣的大人！我們接下來就是要討論這個議題——探究看似環保的飲食是否真的可以拯救這個世界，還是根本就是背道而馳。

我，尚恩·布魯梅爾，對此的看法是——現在正是那些矯情的飲食極端分子對著公平製造者砸肉丸子的時代。難不成我們真的想要看到身邊的人為飲食障礙所苦嗎？

無肉，無麩質，無知

無肉、無酒、無乳糖、無麩質、無鋁、無好心情，洋洋灑灑無止盡。現在有越來越多人糊里糊塗地在健康飲食與素食主義中尋求快樂。他們甚至會誤以為自己是某個飲食教派的捍衛者，像是石器時代飲食之類的。為什麼呢？

好吧，這種決定往往與過去某種潛藏的經驗有關，諸如離婚、考駕照失敗或看到綿羊在綠色草原上活潑地跳動之類的。這正是那些教派的成因，所謂弱肉強食啊！我們這些雜食者自然明白這些事情，儘管在消化肚子裡的漢堡時，心裡偶爾也是會浮現些許質

疑。這些飲食教派信奉者或許是對的？我們應該要追隨他們的腳步嗎？我們也應該要改善飲食並減肥，接著也得要嘗試全素飲食才對嗎？或是潔淨飲食（Clean Eating）比較好呢？生食呢？舊石器時代飲食呢？各位心裡肯定已經有答案了，不然手裡也不會拿著這本書──誰鳥你！接著就讓我來好好說明一下。

我要改善飲食！

真的嗎？為什麼健康飲食讓人生病又寂寞？

> 「邦迪一家有兩件事情絕不屈從──我們不吃青菜，
> 我們不去敲別人家的門。」
>
> ──艾爾・邦迪（Al Bundy）[13]，賣鞋子的哲學家

假如各位不介意的話，我想要先丟出一個問題──試想各位在餐廳點了起司加量的美味火腿披薩，結果傲慢又自以為是的服務生卻為你送上一盤平淡無味的生菜，你心裡會怎麼想呢？

「太過分了！」你會這麼説，「我會把這家餐廳列為黑名單！」

我懂，不過偏偏方圓五百里內只有這間餐廳，所以你必須再去一次。什麼？那你會選擇另一位服務生嗎？偏偏這樣也不行，因為這家餐廳只有一位服務生，數十年如一日。「假如他還是端不出我

---

13 老牌影集《凡夫俗妻妙寶貝》（Married with children）中的父親角色。

點的菜，」你會這麼說，「那他就是個白癡！」

這麼說沒錯，但是也許我們可以多站在這位服務生的角度想想。請各位捫心自問，除了自己本來想吃的食物以外，我們是否已經嘗過其他食物了呢？因為我們一直以為自己是對的，不是嗎？那請各位再好好想一想。儘管自己真的很想吃牛排與薯條，不過是不是真的沒吃過沙拉呢？儘管自己真的很想喝當地的鮮釀啤酒，不過是不是真的沒喝過代糖工業飲品呢？那麼各位現在應該很清楚我要說什麼了，那個惹惱你的傲慢服務生，其實就是你自己！

我們才是身體的服務生

若是你因為低卡、羽衣甘藍或杜肯飲食減肥法（Dukan Diet）[14] 盛行而忽視身體對於飲食的渴望，那麼身體也是會出現相對應的感受。這樣一來你的身體就不會想去其他的餐廳了，你們不再生死與共了。

「好了，尚恩，我是要怎麼知道自己的身體想要點什麼來吃？」

這其實非常地簡單——身體會想點的食物，往往就是你最想吃的食物。世界知名的研究者表示這就是所謂的「身體智慧（somatischer Intelligenz）。」基本上就是說，我們的身體很清

---

14 法國營養學家杜肯（Pierre Dukan）發明的四階段減肥法，其重點在於可以免節食並攝取豐富蛋白質。

楚自己欠缺什麼，而且會透過點餐的方式來告訴我們得用哪種方式烹調。至於我們是不是真的能聽到身體的需求，那就要看鄰桌的人有多吵鬧了──鄰桌坐了喋喋不休的美食作家、零卡可樂模特兒與三鐵運動員，如果夠倒楣的話，電視上可能正在播放全素烹飪節目。面對這種情況，充耳不聞就對了，千萬不要把這些人的話當真。一旦這些話聽多了，身體的質疑與吶喊就會越來越大聲，像是，「冰淇淋！薯條！可樂！」

身體智慧就是孕婦會突然想要大吃草莓的原因，也是醉漢會在凌晨三點搖頭晃腦走進骯髒速食餐廳的原因──追尋油脂、鹽與快樂。多數人都會在這個時段聽從身體的呼喚，不管你相不相信，有少數的禁欲者在爛醉的情況下仍有辦法拒絕身體的渴望。你的身體正在大吼著，「薯條！！！！！」而你卻以堅毅的聲音回答：「抱歉，基本上我過了晚上八點之後是不進食的。」難道你不覺得自己在這種時候對待自己的身體機制有多不公平嗎？如果身體告訴你：「小便！」那你最好就乖乖聽話，因為身體是真的要「小便！」你最好不要回答：「抱歉，基本上我過晚上八點之後是不小便的。」

尊重你的荷包蛋

這點我必須承認──我以前真的也不會聽從身體的看法，但是我現在懊悔不已。我懊悔自己錯過的冰淇淋、大麥克與隨意點的淡啤酒。當時我的身體明明就告訴我，「嘿，尚恩，那冰淇淋真的非

常美味，拜託你吃吧！」然後我吃了嗎？我後來把冰淇淋塞回冷凍庫了。現在我才明白，我當時真的可以不用表現得這麼失禮又傲慢，我根本就是苛待身體的白痴。

好在我現在有所長進，我每天早餐都吃三顆荷包蛋加培根，而且要是因為看到廣告想吃吐司加巧克力醬，那我也不會客氣。如果沒有看到廣告，那就算了。沒道理嗎？不會，我只是尊重自己身體的意見而已。

下回美食當前時，那就順從心中率先浮現的感覺，千萬不要強忍！因為對美食的渴望自有其道理，我們才是身體的服務生！假如身體點了薯條配美乃滋、兩杯啤酒加花生冰淇淋，那你就殷勤地奉上！還是你想要生病呢？

健康飲食的寂寞與病痛

知名科學家提出無數的研究佐證——任何為健康飲食忙碌的人，往往就是在拿身體健康開玩笑！這正是名為「健康食品癡迷症（Orthorexia）」的一種飲食障礙。最常發生的現象就是突然要花很久的時間買菜，因為要花很多時間閱讀標籤上的文字。儘管這聽來有些矛盾，但是那些讓人一眼就覺得健康的飲食，往往會適得其反。非要吃健康飲食的後果常常會犧牲了生命的品質、導致社會孤立並且危害身體的健康。我的好朋友暴躁艾倫就曾在某個陽光明媚的星期天下午打電話給我，他帶著顫抖的聲音拜託我帶他去醫院治

療飲食障礙。

「你幹嘛不自己去就好了？」我開玩笑地説「你連車門都打不開了嗎？」

「打不開，」他立刻回答「鑰匙太重了……！」

暴躁艾倫的悲慘故事

上回見到暴躁艾倫已經是半年前的事了，那次是酒鬼偉恩的生日派對，而小蒂娜才剛離開他不久。我本來以為艾倫一定會趁失戀好好買醉，結果卻不是這樣。他在面對人生危機時不但捨棄了歷久不衰的方法——藉酒消愁、不羈性愛與自甘墮落，反而草率又魯莽地進行一項實驗——健康飲食！這就連一般人都很難想像，艾倫這種海量的人竟然滴酒不沾，而且迴避任何吃到飽聚會，彷彿那是墨西哥的特殊垃圾掩埋場一樣。為什麼會這樣呢？好吧，漢堡裡面有肉（謝天謝地），麵包含有小麥（是的，麵包），而甜甜圈含有精製糖（是又怎樣）。凱倫親手做的美味麵條沙拉，艾倫不吃，因為裡面有起司，然後薯條有提味劑也不能吃。酒精對他來説是細胞毒，那會改變人的性格。艾倫説的對，他一戒酒之後就變種成了超神經質的怪咖。我們還是尊重他的選擇，他還是我們的朋友。

「艾倫，要喝點可樂嗎？」我問他。

「不了，裡面含有葡萄糖果糖糖漿。」

「我們也有零糖可樂喔！」凱倫説。

「裡面有太多阿斯巴甜（Aspartame）了，那會致癌。」

「那你要喝水嗎？」我遞了個「箭牌（Arrowhead）礦泉水」的塑膠瓶給他。

「喔……塑膠瓶，雙酚 A 對身體不好喔。」

「那會怎樣？」酒鬼偉恩不耐地問他。

「男性女乳症！」

「那剛好啊，反正蒂娜跟你分手了，你正好需要！」偉恩說完就開始大笑。艾倫自然笑不出來，他對著水龍頭說。

「你們有逆滲透水嗎？」

「沒有，但是出門走三分鐘就有一條河了！」我說。

「我說真的，你最好去看醫生！」偉恩對他吼了一聲，他正在一邊抽菸，一邊喝著琴通寧。艾倫這時也氣壞了，「你們也長進一點！」接著點了一下手上的健身手環，跳上那輛全新的碳纖維運動單車並開始奔馳。騎去河邊吧？我們都這麼以為。結果二十分鐘後我們在臉書上看到艾倫已經到家了──燃燒了 231 大卡的熱量並且正在 Spotify 上聽著《寂寞之心》（Owner of a Lonely Heart）。如前所述，那就是我上一次見到艾倫的時候了。

我在星期天看到艾倫時真的嚇呆了，我幾乎認不出他來了，他瘦得只剩皮包骨。臉上掛著黑眼圈，全身縮成一團，眼神如此慌亂，好像背後有一群黃蜂追著他一樣。我想要擁抱他，但是他這麼瘦，我的雙手竟然可以碰到自己肩膀了。艾倫想要使力坐起來，但是卻徒勞無功。我抱著這不停顫抖又快消失的軀殼走到副駕駛座，

然後拿了一支巧克力棒給他。我真的驚恐不已。當然，我很清楚眼前究竟發生了什麼事情，只是我萬萬也沒想到，健康飲食竟然會像安非他命及海洛因一樣把好好的人搞成這樣。況且那是發生在我朋友的身上，那樣的震懾自然會加倍。吃了幾口巧克力後，艾倫開始說話了。

「我之前試了食影主義……」他向我坦承。

「那是什麼？是比全素主義還要糟糕的東西嗎？」

「你自己看！」艾倫一臉蒼白地將那張清單遞過來。

「天啊，食影主義！」此時我們已經抵達醫院門口。「你好歹也吃一下牛的影子！」艾倫已經虛弱到沒有辦法回應了。

艾倫一共在中岸治療中心待了四個星期，他在那接受混合團體治療並學習正確的飲食，像是漢堡、起司邊培根披薩以及 16 盎司的丁骨牛排。艾倫的體重很快就恢復正常了，然後血液指數也在短時間內回到一般美國公民的糟糕水平。我們都為此鬆了一口氣——他也是。艾倫重新找回自己，也重新成為我們有價值的一員。

假如你的身邊也有朋友像艾倫這樣，千萬不要吝於伸出援手。搶走親愛朋友手中的穀類營養棒，倒掉那碗防風草南瓜湯並在他那杯無麩質啤酒裡用力打噴嚏——他總有一天會感謝你的，因為飲食上越是武斷的人，其營養不良的風險往往就越高，而這點也獲得世界知名的營養學者背書。

比起一小口營養食品的功效，生活中其實有許多事物可以為身體來更多好處。舉例來說，對於個人福祉而言，一個人孤單地消

人類飲食之惡性循環

參照多特醫生

雜食主義者	想吃什麼，就吃什麼，肉類也一樣。
彈性素食者	吃肉，但是也隨意吃素或全素（身體智慧）。
魚素主義者	不吃肉，但是吃魚與植物。
素食主義者	不吃肉也不吃魚，但是食用動物性產品，像是牛奶、起司、蛋類與蜂蜜。
全素主義者	完全不吃任何動物性產品（除了維他命B12）。
果食主義者	只吃大自然主動提供的食物來源（成熟落蒂的果實或風吹下的堅果與瓜果類）。
無影素食者	只吃沒有影子的植物（白蘆筍、馬鈴薯、松露）。
食影主義者（Umbrarier）[15]	只吃影子。

---

15 "umbrare" 來自拉丁語「覆蓋」之意，經查並無相關飲食法的資料。

化一顆公平交易種植的有機蘋果以及與朋友們喝了七杯琴通寧後胡亂大笑，哪個比較有正面的效益呢？沒錯。容我在此再進一步詳加解釋，我的意思並不是說「健康飲食一點也不重要」，而是：

健康飲食並不是最重要的事情

　　唯有兩件事情例外──第一，進食的當下；第二，沒得吃的時候，否則健康飲食並不是最重要的事情。假如你不相信的話，那就請飛去古巴看看，可惜我無法同行──因為我是美國人。我的德國朋友已經去過古巴了，他們都說自己這一輩子從不曾吃得那麼差過。整整三個星期只有米飯（Reis）配豆子（Bohnen），豆子配米飯。要是衰神降臨──那就要吃飯豆（Reisbohnen）[16]，配的是雪茄與蘭姆酒。很多蘭姆酒，很多雪茄。

　　現在請上網搜尋一下「古巴老不死」並好好看一下搜尋結果！眼前那些古巴老不死都長得一樣，個個都是快樂又健康的樣子，而且數十年來吃的都是那些爛食物。那我不禁就要問了，如果只吃豆子與米飯配雪茄及蘭姆酒就可以活到一百歲，那健康飲食的重要性何在？

---

16 飯豆為豆科植物，外型和 紅豆相似，營養價值高，可直接代替米飯食用。

假如各位覺得這樣太過科學的話，那我就舉個例子告訴大家，健康飲食是多麼地不重要。下列三個選項中，各位的決定會是選擇食物呢？還是選擇活動？你的選擇是什麼？

免費沙灘派對，備有 DJ 播放音樂，也有好友相伴
或
微溫的斯佩耳特小麥穀片加洋車前草籽？

與最愛的 AV 女優共度一夜
或
花生燉菜加羽衣甘藍菜及豆漿？

大衛‧赫索霍夫親手送你一百萬
或
無豆無鹽的鹼性辣椒素肉？

看到沒——健康飲食根本就不是最重要的事情！你知道暴躁艾倫在醫院還經歷了什麼事情嗎？他在那裡得知喪志、負面或憂鬱的人，平均壽命比一般人少九年。現在各位就去素食超市走一趟，

看看那裡的人臉上是怎麼樣的表情？九年耶！一般人根本很難想像，因為石器時代飲食而導致憂鬱症是什麼樣的情形。人類在一萬年前的平均壽命只有 25 年，也就是説，那些採行石器飲食法的人要是倒楣的話，可能只能活到 16 歲而已！坦白説，我現在因為心情太糟了，不開瓶啤酒來喝一下不行，然後開始加熱烤爐，立刻找凱倫、偉恩、查理與艾倫一起來吃烤肉。我很慶幸他終於又不忌口了，而在我喝下第一口啤酒前，我想要為各位總結一下本章最重要的知識。

☆ 尚恩語錄回顧！☆

 我們是身體的服務生！身體點什麼吃，就乖乖奉上（身體智慧）。

 健康飲食讓人生病又寂寞。

及早救援那些食影者（像是艾倫）。

 好的水源不如一杯啤酒。

食物越難吃，人就越長命（像是古巴人）。

打鐵要趁熱，麻煩在此簽名。

本人，＿＿＿＿＿＿＿＿＿＿＿＿，沒必要吃健康食物！

我必須減肥！

胡扯！為什麼要保持理想體重？
為什麼所有飲食法只會讓人更胖？

> 「我的啤酒飲食法很有效，已經成功減掉兩天了！」
> ——布萊恩・布魯梅爾，尚恩的老爸

你必須得減肥？真的嗎？不過為什麼要減肥？我一點都不覺得你太胖，我覺得那根本就是你錯誤的想像罷了。每個人其實都算瘦的了。就拿我個人來說吧，我每天早上睡醒並躺在床上伸懶腰時，看起來就很瘦——在還沒戴上隱形眼鏡，當然房間也不太亮的情況下，我就會看著自己說，「太了不起了，尚恩，快四十歲可以維持這樣的身材真的很屌！」

而且我會套上 T 恤後再刷牙。

究竟這沒完沒了又煩人的減肥強迫症是打哪來的？這麼說好了，我在谷歌上搜尋「我必須要減肥」這句話，而那些相關的搜尋

問題也沒讓我意外到哪去。大致上就是：「我必須立刻減肥」、「我必須快速減肥」以及「我必須減肥，求助。」然而，谷歌上卻很少有人問：「我為什麼必須減肥？」

　　這種大家不明就裡卻都必須做的事情，聽起來不是很奇怪嗎？要是有人對我說，「尚恩，你好好檢視自己的人生，你真的應該要為了對抗伊斯蘭國而上戰場！」我並不會上谷歌搜尋「我必須為了對抗伊斯蘭國而上戰場，求助！」而是搜尋「為什麼我必須為了對抗伊斯蘭國而戰？」

　　那麼針對減肥的議題，怎麼就沒有人問「為什麼」呢？因為我們真的很少會去問減肥的理由！「減肥」聽起來似乎就是一件好事，無論本身體重有多少都一樣。然而，事實上卻根本不是一件好事。就多數甚至是全部的情況而言，真相就是——我們根本沒必要減肥，我們往往都是吞進太多空氣了，就像巴索羅布列斯運動俱樂部的胖子查理一樣。他常年覺得自己又胖又腫，直到多特醫生為他做了例行超音波檢查之後發現，胖子查理那巨大如球的肚子裡大多只是空氣而已！

　　「等一等，尚恩。你現在是想跟我說，那傢伙根本不是胖，他只是吃進太多空氣而已？」

　　那當然，我們根本低估了吃進空氣的效果，就連多特醫生也這麼說。邊吃飯邊打屁的人，根本就是不停地在吞空氣而已，胖子查理每天都是這樣。因此，我的建議是——

戒掉吃空氣的習慣，改吃真正的食物！

自從胖子查理遵照指示之後，他真的就不再是「胖子」了。他瘦了很多，而且根本不需要再減肥了。查理最開心的一件事情就是──戒掉吃空氣的習慣後，他反而可以吃更多真正的食物了！當然他還是要稍微留心一下，以免自己瘦太多。

「為什麼？瘦下來明明就很好！」

這得看你還想在這世界上活多久而論，畢竟微胖的人到底是活得比正常體重的人久。昨天休士頓火箭隊的比賽轉播結束之後，電視上還在報導這件事情。正當那些那群有強迫症的人在巴索羅布列斯運動俱樂部奮力踩腳踏車，為了早點升天而努力運動的同時，胖子查理與我還可以長年繼續享用加量培根起司漢堡。那真是美味極了，因為我們知道自己的體重完全正常，各位也一樣！

「你根本就不認識我，你怎麼有辦法告訴我，我的體重一切正常……」

好的，好吧，也許還是有一些醫學角度上的限制──如果你已經胖到要出動起重機才能把你架到書店購買《誰鳥你！》這本書的話，那你最好也看看下一章。假如你是瘦到連放個小屁也會讓自己往上噴發並穿破天花板的話，那最好也看看下一章。若是這兩個例子都與你無關，那就放心地執行定點理論（Set-Point-Theorie）吧！如果我們也將身體智慧列入考量的話，那麼以下兩點就很清楚了：（1）根本沒必要減肥（2）所有飲食法都是錯誤的。

身體就像鞋櫃或冰箱

定點理論基本上就是每個人都有特定的體重值，而我們的身體會不可思議地想要堅持在這個體重值上。為了要讓觀眾更能理解這個理論，我在研討會中都會請觀眾試著站在身體的立場來思考。女性觀眾可以想像自己的身體是放了十雙鞋的鞋櫃，而男性觀眾的身體則像是放了十瓶啤酒的冰箱。我們就這樣來看，那麼這個數量就是個人的鞋子與啤酒的定點，也就是說，這個數量會讓我們覺得滿足。

假如我們工作忙了一整天，下班回家時發現鞋櫃裡少了三雙鞋，那會怎樣呢？假如打開冰箱發現裡面只剩下五瓶啤酒，而不是原本的十瓶呢？那會怎樣呢？我們會生氣並下定決心不再讓這種事情發生。我們會買更多鞋與啤酒，然後很快地就會把鞋櫃與冰箱塞滿，因為要是一次拿出來太多，那總是有空間可以再塞滿。

身體與體重的關係完全就像是這些鞋子和啤酒一樣！無論你是喝了一大桶的代餐粉，最後擠進小號的花色禮服並面帶笑容地隨著難聽的音樂擺動著，還是吃了第二份大麥克配薯條加奶昔，這些對身體來說都是次要的，因為我們的身體對於理想體重的堅持都不會有所改變。無論是節食加運動，還是漢堡加奶昔——我們都沒有辦法耍弄我們的身體！就算你嘗試也好，你的身體就會像冰箱與鞋櫃那樣捍衛著理想體重，正如那十雙鞋與十瓶啤酒一樣，你的身體就是想要維持 100 公斤。

「這個意思是說，我們根本沒有辦法控制自己的體重嗎？這樣也太糟糕了吧！」

糟糕？這真是太棒了好嗎！我們無法控制體重就意味著，想吃多少就吃多少，而我們根本就可以完全忘掉那些節食方式，因為──

節食會對身體造成傷害

任何曾經上當進行節食的人都知道──節食可以減重，但是回到節食前的飲食之後，體重就會立刻恢復了。甚至也可能會變得更胖，那就是所謂的 Oho 效應（Oho-Effekt）。當面臨「少吃多運動」這樣極其愚蠢的計畫時，人體就會出現定點體重的防衛機制，也就是把握機會儲存能量，以免我們下次又認真看待這些狗屁不通的節食計畫──這就是 Oho 效應。

如此一來，各位應該明白，對於身體最佳的體重狀態來說，運動這種不自然又傷身的規劃以及能量棒這種讓人心情低落的飲食是多麼逆天又狂妄了吧？定點理論自然有其爭議，就像大衛‧赫索霍夫也同樣遭人非議。宇宙大爆炸理論不也如此？請各位思考一下，假若我在這裡宣稱的事情都能被證實為真，又會發生什麼事呢？假如我們每個人都很清楚自己的體重很正常呢？

「尚恩，讓我猜猜看！這樣的話，所有健身房都要倒閉了？」

你就儘管拿自己的大屁股來當賭注好了！因為——

心滿意足是健身產業的大敵

如果每個人對於現狀都覺得相當自在的話，那麼就不需要震動健身或動力瑜珈，更不需要業餘拳擊練習了，而且還不只是這樣而已。那些女性與男性雜誌中的樣板就可以直接束之高閣了，畢竟封面也沒有什麼好作文章的題材了吧？難不成是要寫「如何在十天內保持現在的狀態」嗎？或是「不用波比跳（burpee）也可以練成教練身材」嗎？如果大家都遵循定點理論的話，那麼就再也不需要高蛋白果昔，也不需要個人教練或登山／爬梯器材了。不過僅僅是為運動產業與飲食產業帶來上億的營利虧損就可以換來全人類的福祉啊！

理想體重已到手

至於我們要怎麼知道，基因所訂下的體重是多少呢？我們不妨就將眼前的體重視為理想體重好了，這樣不是很棒嗎？我們就只需要維持現在的體重就好了，很棒吧？趕快先把書放到一邊，立刻拿塊麵包並抹上厚厚一層巧克力醬來吃吧？如果自己當前的體重已經維持好一段日子了，而且不管之前曾經胖很多或瘦很多，最後都會落在這個體重範圍內的話，那這該死的重量就是最適合自己身體

的體重了啊！那麼眼前，就是當下，現在這個體重就是基因設定的定點重量，也就是理想體重了，舉國歡騰啊！我是怎麼知道的呢？很簡單——來自我內心深處的直覺。

沒有不當的體重，只有不當的衣服

我曾經至少有二十年都穿著過小的衣服，因為我深信那樣很合身。我當時覺得自己一定要減肥才行，這樣就可以套進那超帶勁的 Diesel 牛仔褲——這豈不是減重成功後的最好獎勵嗎？沒錯，他媽的。最好是這樣，如果我當時有減成功的話。而那條牛仔褲自然也不曾套進去過。實情是我那二十年都穿著太緊的衣服，而那二十年裡我看起來就像是纏著保鮮膜的三明治。這件事情與我的前妻特麗莎操弄烘衣機無關，這完全是我的問題！

我過去總是犧牲自己的健康並長年將那些價昂又傷身的輕食產品塞進體內，以每分鐘 180 的高速脈搏穿越公園並將自己送進健身房當白老鼠。這整件事情只帶來一項正面的效果——我那病態的思維也有功勞，就因為我太胖了，因此讓我每年為搖搖欲墜的美國經濟挹注至少 25000 美元。我發現自己根本就是另一種型態的經濟動力！遺憾的是，我的投資只讓其他人受益，因為我的努力成果都是一樣的——體重還是一百公斤，衣服還是太緊。某天當我從比佛利某著名購物中心內的試衣間走出來時，一位不知廉恥的店員對我說：

「好看是好看，不過⋯⋯你怎麼不選一件尺寸合適的 Polo 衫呢？」

「我身上這件就是 XL 的啊！」

「你的尺寸不是 XL，應該是 XXL 才對。」

「不是超胖的人才會穿 XXL 嗎？」

「不是喔，只要穿 XL 看起來太胖的人就可以穿 XXL。」

靠，這就是該死的真相啊！我立刻結帳買了十件 XXL 的 Polo 衫並邀請凱倫一起共進晚餐。當晚我幹掉了 300 克的牛排，配上美味的炸地瓜，還有兩大杯正常大小的可樂。樂不可支啊！凱倫也很支持我的改變，她看著我身上全新的 Polo 衫與神采飛揚的表情，然後對我說，「終於！」

☆ 尚恩語錄回顧！☆

- ☑ 減肥乃是下下策。
- ☑ 少吃空氣，多吃正常食物。
- ☑ 心滿意足是健身產業的大敵。
- ☑ 放下節食計畫，我們的身體很清楚應該維持怎樣的體重（定點理論）。
- ☑ 沒有不當的體重，只有不當的衣服（尚恩理論）。

大家也不想減肥吧？太好了，如果不想的話，那請在下方簽名：

本人，_____，決定要來一份厚片芝心披薩，起司加量，再配三公升的 Ben & Jerry's 的花生冰淇淋，因為我沒必要減肥！

這些食物一定要多吃！

真假？因為甜菜根中毒而亡可是死於非命啊！

　　我一直不懂為什麼有些食物會大受歡迎，其他的卻乏人問津。蘋果就經常與蕾哈娜一起出現在螢光幕前，但是蘋果又不會唱歌。豆漿也是，這乏味的東西竟然是無肉餐廳的新星。就連某些牛肉也開始讓人感到厭煩了，就好比安格斯牛肉這玩意兒。這安格斯牛是有什麼特殊才藝嗎？其實沒有，這麼說來茅屋起司就更乏善可陳了。天啊，我超級討厭茅屋起司的啊！每次我去逛超市時，非要不可怪獸一看到茅屋起司就會立刻跳到我的跟前大喊，「看，茅屋起司耶！好健康啊！一定要買的啊！」

　　「誰鳥你啊！」

　　還有什麼比茅屋起司更噁心的東西呢？何況這東西根本就不健康。正如其他那些我們認為很健康的食品一樣，我們都覺得自己必須要多吃一些才行。這些食品多半都是非要不可怪獸偽裝而成的，還好很容易識破，謝天謝地。要怎麼識破呢？好的，請在超市

購物時捫心自問，那些東西是自己真心想買的呢？還是因為想趕流行？如果你是真的想要吃的話，那就買；如果不是的話，那就轉向角落那面防竊鏡並將那玩意兒砸到超市店長的臉上。

以下列出世人過譽的食物——

茅屋起司

人們之所以要吃這沒用又噁心的東西，單純就是為了飽足感而已。我的枕頭也一樣可以給你飽足感。假如各位知道茅屋起司的製作過程，那麼絕對連碰都不想碰一下。研討會提到這件事情時，很多觀眾都會接著問：

「**尚恩，茅屋起司的製作過程是怎樣？**」

各位是真的想要知道嗎？好吧。首先是將牛奶、細菌、氯化鈣與幼牛芻胃中的某種黏液混合在一起，然後在三十度的環境下凝結成為膠狀。這膠狀的東西……

「**夠——了，謝謝！**」

好極了，我就知道會這樣。茅屋起司已經惡名昭彰到在臉書與推特上都可以找到「我們痛恨茅屋起司」的專頁，這東西真的不能

常常吃。

　　替代食品：剛出爐的農夫麵包配上含鹽牛油即可。

魚類

　　人們老是在說要多吃魚類，為什麼呢？海洋裡根本就快沒有魚了！鮭魚這樣的養殖魚類也沒好到哪裡去，因為養一條就得用三條海魚來餵食，那一片鮭魚排就得要犧牲三隻小魚。我們吃了一條魚，這世上等於少了四條魚，算算一片牛排所造成的生態危害還沒有那麼大，因為至少殺一隻牛可以做成好多片牛排。

　　「不過吃魚真的很健康啊！」我們總是三不五時會聽到這樣的話。吃魚到底是哪裡健康了？汞嗎？那只會為大腦帶來傷害──像是性格變異、發抖與記憶力問題。請試著回答一個簡單的問題──1964 年 11 月 11 號美國單曲排行榜第 56 名是那一首歌？回答不出來就很可能與汞中毒有關喔！

　　除此之外，現今的魚類根本整天都在吃塑膠，因為對牠們而言那就像是浮游生物一樣。這就好比是我們整天都在吃塑膠水管，因為我們以為那是德國香腸。莫名其妙嗎？其實不會。讓我們一起拯救世界與自己的大腦吧！

　　替代食品：來自義大利契安尼娜牛並且不含汞的丁骨牛排，千萬別吃安格斯牛！

安格斯牛肉

許多年來，人們一直莫名其妙地深信這樣食品的獨特之處，而且完全沒有人質疑。安格斯牛肉到底是有什麼特別的呢？完全沒有！安格斯牛排一來不是有機肉類，二來也不是什麼特殊養殖而熟成的肉類，安格斯牛就是長得特別快的一種短腿品種罷了，而這種牛在吃飼料時也跟其他品種一樣呆滯。我們就這樣買單了好多年，直到另一種新興肉類問世——和牛，一片牛排要價兩百美金。我一點也不想知道，那些和牛又分到了多少錢……

替代食品：美味多汁的豬肉香腸。

茄子

茄子嚐起來完全像是煮過的球鞋墊一樣，就只差不能穿著跑了，但是就跟鞋墊一樣完全沒有營養。茄子的卡路里含量大約是每 100 公克 22 大卡，有跟沒有一樣。若以成年人每天所需的熱量來計算，那大概要吃九公斤的茄子才能提供人體所需的熱量。如果生吃茄子的話，還可能因為茄鹼中毒而死。很多人不知道茄子含有尼古丁，只可惜太大根不能拿來當菸抽就是了。這毫無用處的蔬菜類害群之馬，絕對不需要太常吃！

替代食品：正正當當地買一包萬寶龍香菸來抽吧！

雞胸肉

雞胸肉這價格過高的細菌滋生大本營，多年來一直在各式餐廳的菜單上佔有一席之地，不管是沙拉、蔬菜或三明治裡都可以看見雞胸肉的身影。正因為雞胸肉一點味道也沒有的關係，料理時就必須要調味、醃漬或抹鹽才行，那其實還不如吃牛排就好了。這玩意兒絕對不要再吃了。

替代食品：北京烤鴨（記得提前預約！）

豆腐

豆腐這沒有味道的髒東西，人類為了耕種這玩意兒竟然要將印地安人的棲息地完全夷為平地。這些肥沃的土壤過去可是最好的牧場，孕育了多少美味的牛排肉，如今卻成了貧瘠的黃豆田。許多人都不知道一件事──那些為了道德正義而選擇不吃肉的人，他們在燒烤派對所使用的蔬菜量就相當於放把火燒掉南美洲十平方公尺的雨林。稍微有點羞恥心的人都會立刻遠離這些新殖民主義的納粹豆品，難道各位不想要拯救雨林嗎？

替代食品：點一客海福特牛（Hereford）的美國腰肉牛排，這些牛幾乎都只吃草而已。

蘋果

我以前還在睿俠上班的時候，每星期都會買一袋六顆裝的蘋果，因為我那時候以為：「好了，蘋果這麼健康，一天吃一顆沒問題的。」

結果我一星期只能吃掉半顆，其他的就是丟掉。就這樣過了好幾年，直到自己心服口服地承認——我討厭蘋果！這東西不是沒味道，就是太苦，而且果皮總會卡進牙縫。如果不小心把籽吞下肚，還會在痛苦之中死亡。蘋果籽含有苦杏仁苷（Amygdalin），這種物質會在口中水解成氫氰酸。每顆蘋果中的砷含量都具有威脅性，只要四十顆蘋果籽就足以致命。光是想到自己當年多次與死神擦肩而過的經驗就讓我不寒而慄。

替代食品：一包烤肉口味的洋芋片

紅甜菜根

我們也經常聽到要多吃紅甜菜根這類的話，因為紅甜菜根很健康。或許真的如此，但是並不是對所有人來說都很健康。紅甜菜根其實含有定量的有害物質——草酸，一旦過量就會導致麻痺以及腎臟的相關問題。若以人類體重來計算的話，草酸的致命量約是每公斤 600 毫克。「因此各位務必要計算自己吃了多少紅甜菜根就會掛掉！」我的編輯鮑伯激動地說。好了，鮑伯，你很清楚，我必須

要講出來……

替代食品：好吃的德國香腸配馬鈴薯沙拉

豆漿

　　我個人第一次過敏發作就是因為喝了豆漿，因此我個人對於這毫無用處的噁心飲品無法維持中立。我們根本沒有道理要喝豆漿──營養成分既沒有比牛奶高，而且普林的含量還是等量啤酒的五倍。普林是什麼？也就是代謝後形成的尿酸。尿酸是什麼呢？很簡單，尿酸會引發痛風，痛風會導致殘廢！各位想要將來坐在輪椅裡買醉嗎？那就繼續喝豆漿吧！牛奶的普林值大約是零。葡萄酒呢？也是零。

替代食品：來一瓶加州納帕貝林格私藏的 2011 年夏多內白酒（Chardonnay Private Reserve）

「尚恩，實在是太不可思議了，你竟然讓我的世界重新回到正軌。喝葡萄酒，拒喝豆奶！這世上可能有人根本不願意喝從牛身上排放出來的東西。」

　　這世上可能也有人根本不願意喝牛撒尿過的東西！就好比羽衣甘藍這東西！

羽衣甘藍

　　……這玩意正走在流行的尖端，不管是當沙拉或是打成果昔飲品：

「拜託，尚恩，快喝掉那杯羽衣甘藍補充飲品！」

　　「喔……不小心手滑了。如果沒有培根與煎蛋的話，我就會變得這麼迷糊。」

　　我們真的要多吃羽衣甘藍嗎？誰鳥你！幾年前這東西不過只是旅館餐廳的裝飾品而已，因為那大片的葉子可以輕易遮掉屋頂不銹鋼上的烏鴉屎。很多人表示，只要好好地調味，羽衣甘藍其實滿好吃的。那麼我也必須要說，如果好好料理我家那張舊沙發，其實那張舊沙發也滿好吃的。

　　替代食品：一份包牛絞肉的三明治、瑞士起司、捲心菜沙拉（Cole Slaw）並配上俄式醬料與薯條。

☆ 尚恩語錄回顧！☆

- ☑ 拯救海洋，多吃肉類。
- ☑ 茄子含有尼古丁，但是不能拿來當香菸抽。
- ☑ 蘋果也含有危險等級的砷含量。
- ☑ 豆奶的尿酸含量比我家的濃啤酒高上七倍之多！
- ☑ 任何牛可能在上面撒尿的東西都不要吃！

好了，如果各位承認自己過去對於食材的思維是錯誤的話，那麼可以懇請各位在下方簽名嗎？謝謝。

本人，_____，再也不吃茅屋起司、魚類、安格斯牛肉、茄子、雞胸肉、豆腐、蘋果、紅甜菜根、豆奶與羽衣甘藍！

全素飲食，
一定要試試！

誰說的！如果動物不想成為盤中飧，
那自然會讓人難以下嚥。

「殺人兇手往往是園丁。」
——故鄉諺語，我曾祖母說的。

「假如屠宰場的牆壁都是透明玻璃的話，那肯定沒有人敢吃肉
了。」這是我經常聽到的一句話。這樣啊，好吧，我的朋友偉恩在
超市裡的沙拉吧工作，他這麼說，「假如那些全素主義者知道我們
怎麼做那些沙拉的話，那大家肯定都要改吃肉了！」

大家也許不知道，約有百分之五的美國人口是全素主義者，而
在我祖先的故鄉卻只有百分之一左右。抬頭看一下書店裡堆積如山
的素食食譜，雖然那些書籍已經堆在那裡很久了——健康素食、樂
在素食與為何吃素……等等，關於素食營養的書籍多到連蔬菜看了

也會頭昏眼花。

然而，換作是在書店試著找一本關於釀造啤酒的書籍好了。我親身的經歷是對方會驚訝地盯著我，好像我在找架設安非他命實驗室的相關書籍似的。完全沒有任何關於啤酒釀造的書籍，就連「全素釀酒法」這種題材也沒有，但是卻有超過一千筆關於全素飲食的書目。僅次於美國的竟然是德國這個啤酒大本營！我不禁在想，全素主義的盛行也許沒有我想像的那樣單純。

這讓我想起比爾・柯林頓於 1992 年的總統選舉競選標語「笨蛋，問題在經濟！（It's the economy, stupid!）」真的是這樣嗎？我們好好地回想一下這整件事情，事實上——

全素人口只佔了百分之一，那就代表百分之九十九的人不吃全素！

看看這市場有多大！百分之九十九的消費者都可能是全素主義書籍、素香腸與維他命 B12 的主顧！這個情形就好比耐吉與愛迪達同時發現了一個沒有人穿球鞋的國度一樣！事實就是——全素飲食和與其相關的所有事情打造了一個達營收百萬的事業，全素食品在德國的營收，光是 2012 年就比前一年成長了 19%，接著更在隔年達到兩億三千兩百萬美金，足以讓那些吃豆腐的恐怖份子為他們的保時捷披上皮衣都還綽綽有餘。也正因為這些極端飲食主義

者行徑張狂的關係，社會上也有越來越多人覺得自己必須要試試看全素飲食。我個人則是認為，這些人應該要提出以下問題——到底為什麼要選現在呢？

「尚恩，道理很簡單啊！為了保護動物啊！」

為了保護動物？講真的嗎？我不吃素就是因為我愛動物啊！

「等一等，如果你愛動物的話，那你才必須要吃素啊！」

面對那些大眾所能接受的飲食障礙來說，恕我直言——誰鳥你啊！我已經照顧獨腳賴瑞三個月了，賴瑞是一隻鷓鴣。這傢伙那時候可能是掉進威屯卡（Windcreek）農地旁的收割機裡了。雖然我沒有辦法證實到底發生了什麼事情，不過當時確實是收割的季節，而我是在陽台烤肉架下救了這隻奄奄一息的獨腳鳥。賴瑞當時在收割季有著嚴重的創傷症候群，牠過了好幾天才又發出聲音，相當遺憾。我昨天用噪音軟體測到九十分貝的叫聲，時間是凌晨四點！之後我就讓牠喝幾滴布魯梅爾濃啤酒後再讓牠睡下，結果牠就一路睡到早上八點。我對這小動物的所作所為，完全出自單純的愛，因此我才會為那些因為全素主義而被無情謀害的小動物感到惋惜。

「啥？你在說什麼？」

就拿兔子來說吧，這毛茸茸又跳來跳去的大耳朵動物有多可愛啊！前一秒還快快樂樂地在麥田裡活蹦亂跳著，下一秒就被巨大的收割機絞個稀巴爛。牠是為了什麼而犧牲的呢？就是為了一盤青椒加紅甜菜根沙拉！再說那萌萌的田鼠好了，這麼可愛地向窩裡爬著，耳朵一動一動地——這天還精神奕奕地在麥管間穿梭著，過沒

幾天就因為除草劑而嗚呼哀哉。這些生命究竟是為了什麼而犧牲呢？就為了比佛利山莊名店莉莎瑪麗（Lisa-Marie）的半顆蕎麥甜甜圈。這種犧牲是多麼地冤枉啊！

「好了，尚恩，說真的，我要吐了！」

我完全可以理解，這些可憐的動物們。

「我是因為你才想吐！」

喔，那請不要往草地裡吐，因為很多小動物沒有打傘，而且牠們對胃酸過敏。

很抱歉，各位是聽完我的解釋才知道有成千上萬的小動物因為農耕而喪命，牠們若不是因為農藥而亡，就是喪命於收割、鋤草與耕種的機械設備之中。澳洲新南威爾斯（UNSW）大學的教授麥克·艾雀爾（Mike Archer）就在著作中指出，因為傳統耕種方式而喪命的動物比一般肉類製造高上二十五倍之多。倘若有隻英勇無比的果蠅排除萬難地抵達你家中的有機廚房，你就會在洗菜的過程中淹死牠。所以我還要多吃蔬菜嗎？而且是只吃蔬菜嗎？很抱歉，我實在於心不忍。我一直以來都會有意識地慢慢多吃點肉類。

「你的意思是說，全素主義者就是大屠殺的罪魁禍首嗎？」

我的老天爺啊！我要說的不過是──就算盤子裡沒有死掉的動物，一樣也要為動物的犧牲負責。

「但是你吃肉的時候也一樣要為動物的犧牲負責啊！」

當然了，但是請各位好好想一想，一隻牛可以產出多少片牛排？一百片？兩百片？我吃一片牛排只犧牲了兩百分之一隻牛。不過要

是想想有多少動物要為盤子裡的一份菠菜犧牲時,我真的不忍卒睹。

這些萌萌的動物都是為了全素主義的農耕而慘烈犧牲。

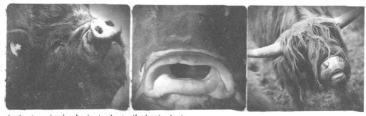

這些醜八怪都會在肉食主義中被殲滅。

「所以你不吃配菜嗎?」

我吃啊,只是這對於我這種吃肉的人來說並不重要,因為愛動物的關係,我可以輕易割捨蔬菜。

「或許什麼都不吃才是最好的⋯⋯」

沒錯,這對於地球而言應該是最簡單的處理方式了。這就是大自然食物鏈的運行方式——人類摘下了野梅,鳥兒就沒得吃;人類採收了生菜,那麼兔子與蝸牛就只能乾瞪眼。如果人類耕種了一畝地,那麼長久以來棲息於此的動物就要流離失所。這話都不是我說的,而是勇敢的營養學部落客菲力克斯・歐爾薛斯基(Felix

Olschewski）說的。

　　如果各位真的是基於愛動物而想要嘗試吃素的話，那至少就要自己耕種蔬菜，而且要選在從沒有動物棲息或是動物無法生存的地方——像是你家的冷凍庫、馬通清潔劑的空瓶或是核能發電廠的冷卻爐裡。切記要用雙手小心收割！

全素主義者，非人哉！

　　常常有人對我提出這樣的指控，說我以舊有的偏見批判全素主義者，因此忽略了全素主義者畢竟也只是人。這話自然不合理。我上網搜尋了「人類」的定義後發現，所謂的人類是一種雜食動物，而素食主義者並非雜食動物。這樣一來，他們自然不能算是現代人種了。也就是說，素食主義者不是人類。這個結論往往會在研討會上引發台下觀眾的竊竊私語。最近一場在聖塔芭芭拉的研討會中就有一位臉色蒼白又嬌小的男人，身上穿著退流行的牛仔褲，他客氣地問我：

　　「尚恩，請問你住在哪裡？」

　　「我住在巴索羅布列斯，怎麼了嗎？」

　　「因為我要放火燒掉你家！」

　　「但是我家的屋頂上住了一窩蝙蝠。」

　　「那……燒了你的車！」

　　「我車裡住了一隻鼬鼠。」

「那我就在你身上點火好了。」

「不行,我等一下已經有約了,我真的像熱鍋上的螞蟻啊!」

動物也會吃人,我們為啥不吃動物?

如果我們要吃肉,那勢必就先要有動物犧牲。如果各位想到這件事情就會覺得有罪惡感的話,那請冷靜地思考一件事,那就是動物也是會吃人的。我今天早餐吃的是荷包蛋、奶油吐司與火腿,一邊讀著《赫芬頓郵報》(*Huffington Post*)上報導著烏干達有隻恐怖的食人鱷魚怪,受害人數早已超過 300 人。我覺得這樣的描述真的很奇怪,因為爬蟲類怎麼會有罪呢?何況還是烏干達的爬蟲類。這隻爬蟲類不過就是餓了,所以才會吃下一個漁夫,這就像我們肚子餓了,所以吃魚一樣。那為什麼我們不應該吃動物呢?

「因為只有人類具有判斷並做決定的能力,而其他動物都只是依照本能行事而已。」

不好意思,但是當我在丹尼漢堡灌了十杯啤酒並吞下一個漢堡時,其實也不過是依照本能行事罷了,而動物其實也沒有因此會笨到想吃全素。

各位肯定知道《食人》(*Menschen fressen*)這本書,這在動物界可是本暢銷著作。不僅如此──要是動物們知道令人作嘔的人類歷史之後,肯定不會想再吃人了。不過也不是所有動物都是那麼熱衷吃人就是了。「我才不要碰這種髒東西呢!」虎鯊、鱷魚與

棕熊都會這樣謾罵著，然後某些不太有主見的動物就會這樣繼續以訛傳訛下去。這樣對動物世界來說其實也不算是什麼好處，畢竟這樣太容易引起騷動了。如果格陵蘭的北極熊得知，每五個人類之中就有一個有香港腳或痔瘡的話，那肯定會在冰上大吐特吐一番；如果古巴的鱷魚得知有百分之五十以上的遊客從來沒有好好清洗過夾腳拖的話，那肯定會有越來越多鱷魚食不下嚥；墨西哥灣的鯊魚肯定要經過長年的行為治療之後才有辦法再度靠近岸邊——因為幾乎所有小孩都會穿著泳衣撒尿並漂進他們的鰓中。

《食人》這本書在經歷無數抗議活動之後才得以上市，而動物們也忘記自己曾經對此有所保留並再度依照本能行事。真相就是——動物是會吃人的。獅子在吃人之前也不會顧慮眼前這位退休人士過去生活快不快樂，反正咬下去就對了。我們究竟是為什麼不能吃動物？大自然的規則就是如此，這就是大自然的運行之道。我只好再強調一次——

如果動物不想讓人類食用的話，
那就會變得非常難吃

天鵝、蟑螂與臭鼬就是這樣，牠們肯定不想讓人類食用。

「好吧，尚恩，那我們再回到健康這個議題上好了。你應該沒有辦法否認，吃素的人比吃肉的人健康吧！」

那我就要反問一件事了——大家有沒有聽過九十歲的老菸槍老當益壯的故事呢？哈！那有聽過九十歲的全素者老當益壯的故事嗎？知道了，謝謝。至於我的健康狀況——我可以自己走到車庫開車，也有辦法自己綁鞋帶，然後每個月至少會去上廁所兩次。我為什麼要改變飲食？美國有句俗語説，「If it ain't broken, don't fix it,」意思是「東西沒壞就不用修！」這話就是在告訴我們——不到緊要關頭就吃動物類產品，但是卻用化學方式補充身體欠缺的營養，這個道理就像是平常只吃電視空箱子，然後身體缺乏的維他命就另外啃食一些特製綜合維他命的電視箱子來做為補充一樣。

　　多數全素的超市產品中也幾乎不再有那些吃起來像紙的食品了。如果各位曾經讀過全素食品的包裝的話，好比素香腸好了？那不能稱作是食物，那根本就是魔鬼的化身。最重要的成分就是——沒有動物成分，而其他就不重要了。各位不妨看看這些科學怪人周邊商品的背後包裝，不過不要看太久，不然會覺得噁心想吐——蛋白、植物油、食用鹽、玉米糖膠、鹿角菜膠、乳酸鉀……等等。各位知道帕瑪火腿的成分是什麼嗎？就是帕瑪火腿，也太巧了吧。

　　我必須要説，這種刻意從植物產品壓制出來外觀像是「肉腸」的東西實在是很變態。我根本沒有辦法想像自己會用一盤絞肉去捏出一顆花椰菜，目的就是為了讓盤子裡也有些蔬菜的樣子。

　　我説的是有「蔬菜的樣子」。

「難道全素飲食不是最自然的營養攝取方式嗎？」

　　好的，大家仔細想想，營養攝取怎樣才叫做自然呢？吞下一公

斤的維他命 B12 來解決疲倦、便祕、精神緊張、憂鬱與食欲不振的問題，這樣自然嗎？這些藥丸往往也不是全素，因為其中含有乳糖及吉利丁。什麼是吉利丁呢？雖然聽起來不像是什麼不好的東西，但那就是一種由豬皮、牛骨以及其他動物皮革混在一起煮出來的東西。坦白說，我個人絕對不會吃這種玩意兒。

「但是古時候的人……」

古時候！試問有誰看過壁畫上描繪著獵人追殺一群茄子的景象？沒有吧？不好意思，那我們的祖先應該沒有出草狩獵過任何蔬菜，畢竟這比獵殺一隻野鹿要簡單多了。而我們也知道，蔬菜在逃亡時的樣子其實並不是很得體。有件事情我非常確定，要是我們的祖先吃素的話，那就不會有我們了。

現在呢？好的，現在某些網路論壇中也出現一個議題──究竟全素者有沒有辦法在野外求生呢？我的答案是否定的，因為如果長年只吃那些跑不掉的東西，那這個獵人真的是爛透了。

與其要吃不好的肉，那還不如不吃肉

這話常常聽到，對吧？那我的問題是──為什麼要這樣呢？是的，我知道那些自以為是的營養學者聽到我的回應肯定會氣急敗壞。我必須要說──大量繁殖當然是一件糟糕的事情，而且應該要遭受禁令。牛隻就應該在牧場上吃草、豬隻就要在爛泥地中打滾，而雞群就要在院子裡走動。但手邊沒錢可以買有機食品也很悲哀，

最爛的當然就是面對那些狗眼看人低的有錢人時，口袋裡竟然沒有錢可以買五十美金兩片的有機牛排。與其要吃不好的肉，那還不如不要吃肉，這話我們經常聽到。好吧，那拜託也在結帳時跟收銀員說，與其做這麼爛的工作，那還不如不要工作。

為何全素者不可遏抑

不吃任何含有動物成分的食品自然是素食飲食的第一階段。第二階段就是連家中的寵物也要吃素，而且還要對良善的市民提出愚蠢的問題。上星期有位客戶在我的啤酒店裡問我，我家啤酒所使用的貼紙是否含有酪素膠。如果有的話，那麼我家的啤酒就會被貼上虐待動物的標籤。

這位客人在經歷一陣簡短而強烈的人類虐待之後就被我踢出店門口了，一瓶啤酒也沒有賣給他。從此之後我就知道，原來有些全素者不僅是不吃含有動物成分的東西，就算不能吃的東西也會避免含有任何動物成分，諸如皮革座椅、羽絨枕頭與 LCD 電視……等等。是的，沒錯，說的不是看電視這件事情，而是電視機內的液晶含有膽固醇。這樣的話，全素主義者可以開車去看電影嗎？這又跟什麼有關呢？因為任何有道德良知的全素主義者都不應該看電影，因為電影膠捲中含有吉利丁。那開車就更不用說了，百分之一千的全素主義者都不可以乘坐有輪胎的車去電影院，因為多數輪胎的製成都含有動物硬脂酸。就算全素主義者只滾著輪框出門好

了，這樣其實也非常危險，因為駕駛過程中絕對不能煞車。煞車油本身就是由甘油製作而成的，更悲慘的是有越來越多動物因為撞上擋風玻璃而犧牲生命，當全素主義者開始加快速度時，要是馬路上突然出現一隻野鹿的話呢？什麼？這話什麼意思？如果這樣的話，那是要那些人直接上吊自殺嗎？這件事情當然很值得討論，但是記得不要使用羊毛繩——可憐的綿羊啊！

☆ 尚恩語錄回顧！☆

- ☑ 老當益壯的老菸槍比老全素主義者還要多。
- ☑ 許多超萌的動物要為全素主義者犧牲。
- ☑ 素肉類製品根本就是魔鬼的化身。
- ☑ 全素主義者開車不能踩煞車，也不能去電影院。
- ☑ 如果動物不想成為人類的盤中飧，那麼自然會讓人難以下嚥。

如果各位喜愛可愛動物，而且想不便秘又不憂鬱地活到九十歲的話，那請在下方簽名。

本人，＿＿＿＿＿＿＿＿＿＿＿，沒必要吃素！

誰鳥你！做自己才是王道

成功·

為什麼不需要目的地才能有更美好的旅行？

甚至最後連工作都不需要了？

　　對於許多人而言，成功的意義就是要賺很多錢。這件事情當然隨人所好。因此，我現在要丟出這個問題——各位真的有認識任何一位百萬富翁嗎？我有。

　　這些人用偷來的酒杯喝著廉價的紅酒，抱怨商務艙的座位不舒適，而購買 iPhone 充電線時更要討價還價。這些人開著 BMW 7 系列的名車並將費用以公司帳報銷，然後還不甘願地讓年輕工作夥伴開著沒有安全氣囊的廉價韓國小車。這些人給小費時小氣得要死，一天到晚上法院，晚上沒有鎮定劑就沒有辦法闔上眼睡覺。這些人究竟怎麼會變成這樣的呢？怎麼會變成這麼可憐的豬呢？很簡單——因為他們害怕會失去那充滿銅臭味的百萬財產。

　　現在讓我們看看健身俱樂部幽靈會員的遊戲規則，這些人的電視遠比目標更加龐大。我們會在還不錯的餐廳中花錢點可口的紅酒，要是在豪華經濟艙拿到一杯香檳就會覺得不可思議，然後要是充電線又搞丟了，就會不假思索地花錢購買第三條。我們給小費時很大方，躺在沙發上邊看電視邊打鼾，而不用飛到北京準備開會。為什麼我們會安於這樣呢？因為我們的人生並不是用大把鈔票堆出來的，因為我們知道錢賺得越多就越沒有時間快樂地過生活。「這我也知道。」我知道各位心裡正這麼想著，但是各位心中的非要不可怪獸也知道嗎？或是這怪獸總是三不五時地在你耳邊呢喃著，「你在鬼混什麼？你必須設定目標，立刻實踐，職涯才會更上一層樓！接著換間更好的公寓，拿到航空公司的金卡會員並換一輛名車！」

成功

好的，比起剛翻開這本書的時候，現在各位可以更輕易地開口說出「誰鳥你」了，因為這些東西都不是必要的。假如各位給我一點時間的話，我接下來就要解釋這背後的道理。

我必須設定目標！

誰鳥你啊！為什麼目標是邪惡的幸福毀滅機制？
而最好的目標就是沒有目標？

「沒有呆板的計畫，也沒有刻意的企圖，那就是完美的旅程。」
——網路上找到的智慧

　　如果有人問我覺得自己五年後會在哪裡的話，我的回答多半會是，「貝蒂福特勒戒中心囉！」對方聽到這個回答之後，通常就不會繼續問下去了。我當然不覺得自己會落到那個下場，我單純就是不想要討論設定目標這種無聊的話題，況且我正滿心期待著莫利酒吧的喝掛不用錢慈善之夜（各位可能很難想像，如果我錯過了第一個喝掛的人倒下的那一刻，我的朋友們會有多生氣）。

　　既然我們講到了目標這件事情，各位有目標嗎？

　　「如果你根本不知道自己要朝什麼方向邁進，那自然哪裡也到不了啊！」

啊！！！！大家當然知道要去哪啊，而且各位可能跟我一樣早就聽過這話千百遍了——這句話一點也不對，甚至完全是一派胡言。請各位讀者允許我在這裡做個心理測驗——

假設各位發動引擎並踩下油門，沒有目的，往前開就對了。引擎開始運轉，輪胎慢慢轉動，不知道要往哪裡去。不管是不是開上高速公路，也不管要不要開下高速公路，時而左轉，時而右轉，時而加速，時而減速，隨心所欲，想怎樣，就怎樣。一路開著，想停就停，想轉彎就轉彎。眼前若是出現一座壯麗的山丘，那就儘管向上開去；假如經過了一座湖並開始覺得熱了，那就儘管跳進水裡；如果看見了美景，那就停下車來散個步。究竟身在何方呢？毫無頭緒，那也許是葡萄酒的產地，也許是舊金山，也許是海邊。

我們現在就當作到了海岸的一座小村莊好了，車子停在一間美麗的餐廳門口，那是皮斯莫（Pismo）沙灘上的凡塔那酒館（Ventana Inn）。太平洋岸邊的皮斯莫沙灘嗎？沒錯，就是那裡。你剛才說什麼？如果根本不知道自己要去哪裡，那就哪裡也去不了嗎？各位現在好好地瞧一瞧，走上沙灘並問問面前那位帶著奇怪帽子的停車小弟：

「不好意思，但是——**我現在是在哪裡啊？**」

「先生，您當然是在皮斯莫海灘上啊。」

「哦，這裡不是叫『**哪裡都不是**』嗎？」

「不是的，先生，這裡是皮斯莫海灘喔！」

聽清楚了嗎？我們不是在哪裡都不是，而是在皮斯莫海灘！太

平洋岸那美不勝收的地方，不貴的梅洛（Merlot）紅酒以及包著新鮮鰈魚的墨西哥捲！如果打從一開始就有目的地的話，那還會到達這個地方嗎？我想我們現在應該就會到達那個原先設定好的地方了吧。譬如到了某個無聊的旅館，就因為旅遊指南推薦的關係；或是酒鬼偉恩工作的超市沙拉吧。正因為一開始沒有目標，所以才能到達哪裡都不是卻是內心最想去的地方。實話實說，這樣不是很棒嗎？我們現在真的必須承認，沒有目標也是會有目的地的，只是不知道會是哪裡罷了。

「好吧，尚恩，不過或許有人就是知道自己要去哪裡啊，難道這樣就不對了嗎？」

只有無法達成的目標以及永遠不滿意的目標才是錯的，因此知名機構的心理學者才會這麼說——

沒有達成的目標遠比沒有目標更糟！

到底有多少人可以達成目標，又有多少人沒有辦法達成目標，這點其實很有趣。斯克蘭頓（Scranton）大學也因此透過新年希望的統計數據來調查這件事情，其調查結果不僅可以為我的理論打下基礎，根本就是為我的理論背書。新年希望統計數據中指出，只有百分之八的美國人會實現新年的新希望，只有百分之八！我們只需要非常陽春的計算機就可以算出來——有百分之九十二的美國人無法實現新年的新希望！現在請大家好好想想，這些人心裡做何感

想！當然是糟透了啊！如果各位沒有辦法達成目標的話，心裡的感受又是如何呢？怎麼可能會覺得好受呢？那我們為什麼不設定簡單的目標就好了，這樣不就可以避免失敗的機率了嗎？畢竟這件事情就是如此單純——

沒有目標，就沒有失敗！

讓我們好好地冷靜一下，如果忘了就糟了，畢竟擁有目標在此又多了一個壞處——因為我們的影響力有限！

我總是要在這個環節提到丹麥裔大樓清潔工哈維‧歐爾森（Harvey Olsen）的悲慘故事。許多年來歐爾森一直辛勤地工作並省下勞力賺取的每一分錢，最後終於成立了自己的清潔公司。然而，公司接到的案子並不多，市場競爭又非常地激烈，歐爾森的公司度日維艱。直到某一年秋天，歐爾森打聽到公司有機會接下兩座商辦大樓的清潔案子，最後也成功地標到了，因為他是唯一一家有辦法承諾在 9 月 12 號前將這兩座大樓打掃得一乾二淨的公司。歐爾森的目標如此明確——而他到現在還沒有收到款項。這兩座商辦大樓當時就在曼哈頓，時間是 2001 年 [17]。這個小故事告訴我們——面對遠大的目標，儘管如此苦心地經營，有時候卻也只能聽天由命。因此我也只能提醒各位，目標就是如此，而且得趁早，因為……

---

17 作者在此指的是 2001 年 9 月 11 日發生於雙子星大廈的 911 襲擊事件。

目標總是捉弄人

每當我們設定目標之後，接下來發生的事情就是——我們無法接受此時此刻的自己，但是期望卻會在將來的某個時間點壞了我們的心情。因為設定目標的同時，我們就在表達對於現況的不滿，只有達成目標之後才有辦法得到滿足。假設各位就像過去的我一樣想要瘦五公斤好了，這樣就代表著：我太胖了，現在得要達成這個目標才有辦法變快樂，我真是個死胖子。接著就開始進行一整個星期的訓練，夜間避免攝取任何碳水化合物，拒絕任何酒精飲料。然而，如果我們最後就像是百分之九十二的美國人一樣，沒有辦法達成願望的話呢？那我們就成了一個失敗的胖子！這樣甚至比原本的情況還更糟。這徒勞無益的目標反而讓我們從原先的懶鬼變成了失敗的胖子了！坦白說，我覺得這才是真正的悽慘吧！就因為如此我再也不設任何目標了！我才不要當失敗的胖子呢！

「沒有目標」才是最好的目標

每當回想起過去那些經驗時，目標往往只會勾起不愉快的回憶。我這麼說的意思當然不表示我現在成天無所事事，相反地——我做的事情可多了！就以日常的星期一來說好了，我通常會在十點左右就吃完早餐並餵完獨腳賴瑞了，中午就會開車去巴索羅布列斯運動俱樂部吃午餐；午餐過後通常會去採買，接著去接凱倫——我

通常會在星期一為她下廚。週間我當然也會為下一本新書寫寫字並釀造啤酒，不過「沒有目標」依舊是我的原則。等到啤酒釀好了，書也寫完了，大功告成。若是回想起沒有目標這件事情，我心中就冒出了一張誰鳥你清單。嘿，也許各位也應該試一試？

列出一張誰鳥你清單！

這其實很簡單，就拿智慧型手機列出一份工作清單就可以了。填上一些以否定句構成的工作項目，像是「不要修剪籬笆！」或是「忘記汽車檢定」或是「車庫就這樣放著不管」這樣的句子。如果真的做到了，那就在工作項目前打勾。相信我，每劃上一個勾，心情就會一點一點地變好。這裡還有一個小訣竅──工作項目越是困難，完成後心裡就越是舒暢。舉例來說，我最近和凱倫計畫要將房子徹底翻新──屋內電線全部更新，然後打通廚房與客廳並換新的屋頂。灰塵、髒污與工人之間的爭吵也完全都考慮進去了，甚至也清楚自己必須因此離家好幾個星期了！我們某天突然笑著撕掉那張工作清單並說，「哈哈！我們什麼都不幹！」各位有辦法想像當時我們心中有多麼地舒坦嗎？

我最近甚至開始列出否定句的慶生月曆，這項計畫更是意外地有效。我會寫上「今天不是喬‧安德森的生日！」並且設定鬧鐘提醒自己。我既不用向這白癡祝壽，也不用準備禮物給他──這感覺真是太爽了！

這些感受完全操之在己，我覺得沒有目標是我們人生中可以達成的最大成就。沒有目標的用意就是，什麼事都不用鳥！

新年新希望，淺嚐即可

很多人覺得對於明天沒有期待很困難，如果你也是這樣的話，那我有個很好的建議——請盡量縮小自己的志向並專注在一些微小的事情上。微小的事情就是那種瑣碎的工作，那種完全不可能搞砸的任務。

舉例來說，如果我們立志下星期在手機完全沒電之前一定要記得充電、洗完澡後要記得關掉浴室的燈或者上床睡覺前要喝完桌上那杯紅酒，而且達成之後要立刻讚美自己。我們會說，「好了，手機充飽了，太讚了！」「關了，浴室燈關掉了，幹得好！」以及「一滴也不剩，完美！現在可以睡了！」相信我，這真的很有效。

大家現在一定以為這些小任務必須是要唸什麼名校才有辦法學到的事情，完全不用！這些小事情完全是以我在 2013 年跨年夜的個人經驗為基礎。凱倫與我一起參加莫利酒吧舉辦的「盛大跨年派對（Give a big cheer for the new year）」並聊到了新年新希望——胖子查理又想要減肥了，酒鬼偉恩立志少抽點大麻，而暴躁艾倫則要多做點運動。凱倫只想要一杯紅酒，而當他們問我的新年新希望時，我先是將手上的威士忌擱在一旁，然後說，「我啊，我明年的新希望就是把烤肉架的罩子套上。」大家聽完就放聲大笑，他

們覺得那是布魯梅爾的一貫作風，不過我卻是認真的。

當我與凱倫在跨年夜搖搖晃晃地走出莫利酒吧時，我就立刻實施了自己的小計劃——我摸黑走到外面將烤肉架套上罩子，然後就立刻倒頭大睡。

後來睡醒時，我在睡眼惺忪再加上宿醉中發現烤肉架已經套上罩子了，我真的喜不自勝，而且覺得自己很了不起。踏進新年十六小時不到，我連咖啡都還沒有泡好就已經完成新年新希望了！對自己滿意到不行，接著煮了咖啡並為凱倫與我準備炒蛋加培根當作早餐。此時，我看見鄰居安德森揹著運動背包滿臉通紅地衝出家門。

「他在幹嘛？」睡過頭的凱倫站在門邊問著，身上還穿著睡衣。

「不知道，」我聳聳肩地回答，「我猜，他應該有什麼新年新希望吧。」

☆ 尚恩語錄回顧！☆

 就算沒有目標也是會到達某個地方的，只是不知道是哪裡而已。（皮斯莫海灘悖論）

 沒有目標總比無法達成目標好（雙贏之道）。

 沒有目標，就沒有失敗（哈維・歐爾森困境論）。

 目標總是捉弄人（失敗的胖子）。

 新年新希望就要在跨年夜完成（微型任務小妙招）！

好了，如果各位覺得心情好多了，請各位簽個名好嗎？感激不盡。

本人，＿＿＿＿＿＿＿＿＿＿＿，沒必要設定目標！

今日事，今日畢！

難道明天就不行嗎？
為什麼拖延才是最棒的？

「我的忠告就是，沒有產出的日子與時間
就最好什麼都不要做並盡量睡到飽，
用不著勉強，這樣總比隔天為了什麼事
都沒有達成而後悔好。」
——約翰・沃夫岡・馮・歌德
（Johann Walfgang von Goethe），德國酒醉詩人。

還想在今天再做些什麼，這絕對是最無謂的目標了。我的前妻特麗莎就是這個領域的佼佼者。完全不管有沒有道理，她每天都有當天一定要完成的事情，像是上床睡覺前一定要將大餐桌清理乾淨這件事。我當然認為這件事情一點意義也沒有，畢竟我們又不是要睡在大餐桌上，而是要睡在床上。就算我們八小時後才會用那張餐

桌，特麗莎也絕不允許我們明天早上再清理桌子，只要現在清理乾淨了，那明天早上就不用做了。說句實話，我這輩子還沒有聽過比這更蠢的話。

請大家仔細想想——這麼小的事情（清理餐桌）為什麼要限時處理，畢竟離下次使用的時間（早餐）還這麼久，等到意念更強（早上肚子餓時）的時候再解決不就好了嗎？

這世上根本沒有人會在夜裡使用乾淨的餐桌啊！我的人生新伴侶也有同樣的看法，甚至還更進一步——上星期六早上起床時，前一夜的東西都還堆放在餐桌上，她就說我們乾脆直接回去睡吧。天啊，我好愛凱倫這點啊！

為了要清楚地理解「打鐵趁熱（Do-It-Now）」的邏輯有多荒謬，那我們就得要思考一下這件事情在其他領域所代表的意義。假如所有事情都要現在立刻完成的目的是為了之後不用麻煩的話，那我也可以整天把褲子掛在膝蓋上，這樣尿尿的時候就省去脫褲子的麻煩了。星期二就可以穿上星期三打網球時的球衣，因為這樣星期三就省了這件事了！七月時就可以開始預熱烤箱，因為復活節時要以 220 度來烤火雞……

為什麼要延後讓人不愉快的工作呢？

假如各位已經參加過我的座談會，那大概已經聽說過餐桌的故事了。我很喜歡分享這個故事，因為透過這個簡單的故事就可以清

楚呈現延後不愉快工作的好處了。那位才華洋溢的商業專家麗莎‧麥克洛伊德（Lisa Earle McLeod）也支持我的論點，因為她說，「期限將至的時候，我們就會擁有越多的能量去完成，因此拖延是最好的方式。那我們為什麼要在能量低下的時候去完成大事業呢？」各位先生，各位女士，她說的一點也沒錯。

大家不妨想一下舉辦奧運會這件事好了！每次開幕前幾年的報導總是在說場地與選手村尚未完工，進度有多麼混亂，結果到了最後一刻還是會全部完成，完全沒有例外。又怎樣呢？目前為止只有一次取消盛大的開幕儀式，因為會場沒有座位；只有一次取消沙灘排球賽事，因為場地上沒有沙；還有一次是足球賽面臨取消，因為球門還在海關等著清關。是不是！這其實跟什麼時候開始根本沒有關係，最後都還是完成了啊！幾乎完成了。

急躁漢克說 1986 年的世界盃足球賽本來應該要在哥倫比亞舉行，結果因為哥倫比亞的計畫跟不上進度而讓墨西哥接手舉辦。我們在這裡學到的經驗法則是，儘管所有重要活動總可以在不斷拖延中完成工作，但是這點哥倫比亞辦不到。

計畫一旦訂定了，埋頭苦幹之前當然要經常與人討論。計畫項目越大，那在執行前就更要與人說長道短。哥倫比亞人可能想都沒有想就開始著手了。大家都聽過「少說話，做就對了！」這句話，而我每次聽到時都會覺得很難受，因為我覺得反向思考才是對的：

不要做——多說話！

說與做之間隔了汪洋大海。是的，謝天謝地！如果做事之前沒有先談過的話，那怎麼可能做的對呢？我們就以登陸月球這麼複雜的事情來當例子好了。好的，儘管我們知道美國人當年在太空發展備受俄羅斯的威脅，但是美國總統有可能在沒有與美國太空總署討論之前就直接送三個美國人上月球嗎？

「媽的，那些俄國佬在太空發展上超越我們了，我們必須立刻送幾個年輕人上月球！」

「總統先生，這件事情我們絕對需要時間，我們現在連火箭都沒有……」

「少廢話——做就對了！」

拖延不是件簡單的事！

我的車庫一直以來都像是地震災區一樣，我的 iPhone 系統更新還停留在賈伯斯活在世上的階段，而家裡的披薩盒子也已經堆得奇高無比，租給電信公司架設天線都沒問題。這不過是我臨時想起的三件事情而已。

我的非要不可怪獸幾年前還在針對這些事情對我嘶吼著，「你必須要整理車庫、更新手機系統，然後把那些盒子拿去回收！」好在這傢伙現在虛弱得很，根本連話都說不清楚了。各位知道我是什

麼時候整理車庫的嗎？就是我需要清出空間來釀啤酒的時候。這就是我給大家的忠告──當心中那非要不可怪獸告訴我們要清理冰箱時，那就打開冰箱看一下，問問自己，還有沒有比清冰箱更重要的事情呢？既然都打開冰箱了，那不妨就問問自己，冰箱的啤酒夠不夠今天晚上喝？或是現在電視是不是正在播自己想看的節目？如果是的話，那當然就去做更值得做的事情，而且要對自己的效率感到驕傲，因為我們最終沒有把時間浪費在不重要的事情上。也請別忘了稱讚一下自己的決定喔！

「尚恩，東西堆得滿滿的車庫、石器時代的蘋果系統與後院成山的披薩空盒……這其實不就代表你這人太散漫嗎？換作是我的話，我沒有辦法接受這樣的情況！」

拖延讓人心情更加舒暢

散漫？我？這種說法真有趣。各位還不明白我為什麼會為大家寫出這本書嗎？這樣大家在面對未完成的事情時，才不會覺得心裡過意不去。這就意味著我們得突破舊有的思維模式。當我們懂得精簡之道並且明智地將精

神放在最重要的工作上時，我們會感到無比舒暢。我向加州聖地亞哥知名大學教授法蘭克‧帕特諾伊（Frank Partnoy）詢問過這件事，他同時也是史東釀酒廠（Stone Brewery）在自由車站分店的常客。法蘭克這麼表示，「尚恩，你知道嗎，就算有些事情本來可以早點完成，不管怎樣都會有更多事情等著要做。也就是說，我們有些工作就是必須拖延就是了。問題並不在於要不要拖延，而是在於我們有沒有拖得乾淨漂亮。」是的，我當下就被法蘭克的這番話說服了，接著立刻取消我與鮑勃的會議並點了另一杯啤酒。

人因為拖延而成功

拖延不僅不是件壞事，甚至是永續成功的鑰匙。某個來自加州小鎮的男人曾經說過，「人生充滿著許多種導致失敗的可能性，而什麼事情都想要立刻進行就是可能性最高的那項。」

事實就是——懂得巧妙拖延的人，便得以在人生更進一步，這點不管在哪個領域都說得通——工作、運動與政治。

我們就以巴菲特這位身家超過六千萬美金的富人為例好了，他是全世界第三有錢的人。他需要多少時間定下投資的決策呢？他這麼回答，「永無止盡的時間！」大家想一想，今天如果巴菲特樣樣事情都要立刻解決的話會怎麼樣呢？破產。這並不是我捏造的文字，全都是《金融時報》的報導。同一篇文章中也提到世界球王諾瓦克‧喬科維奇（Novak Djokovic）之所以可以遙遙領先群雄的原

因在於他擁有比對手多思考百萬分之一秒再回擊的能力。世界第一的網球運動員也懂得拖延之道！

我非常興奮地想要知道以前的人又是怎麼做的，因此我就上網搜尋「古希臘人」與「拖延」，結果皇天不負苦心人，以前在加州范杜拉市（Ventura）就有一間《老希臘》（The Old Greek）餐廳，美好的氣氛、肚皮舞表演與食物看起來都非常棒！如果這是古希臘人早就規劃好要經營的餐廳的話，那他們是延遲了多久才開幕啊！不過一般民眾似乎都還是興致勃勃，因此我與凱倫就立刻開車去那家餐廳，而我們也在那裡度過了美好的夜晚。

儘管拖延的好處如此一目了然，但是在社會上卻聲名狼藉。我在想，會不會是詞意上的問題呢？我們也許要改變一下文字表達的方式？是啊！假如那些急躁分子下次又對你的拖延行徑指指點點時，那就對他們說：

「我不是在拖延，我只是處於一個需要持續重新權衡的高度智慧化過程！」

持續重新權衡意味著，我們會不斷地問自己，比起清理車庫、更新手機系統或清冰箱，我們是否有其他更重要的事情呢？另外，也請各位立刻忘了那些諸如「今日事，今日畢！」的莫明其妙的道德勸說。

「這樣嗎？為什麼？」

如果明天啤酒特價，你偏偏要今天買嗎？

如果你今天買了披薩木盤，結果女朋友明天也買了呢？

如果你今天清理冰箱，結果明天發生地震呢？

如果你今天剪腳趾甲，結果明天被鯊魚咬斷腿呢？

好了，我想各位也覺得這些例子真的很掃興，因此我也只能再次苦口婆心地奉勸各位，請不要想著要立刻做完所有事情。

為了要證實我的拖延理論其實是好事一樁並且擁有堅實的基礎，我便向領先各界的拖延專家進行諮詢，其中包含了芝加哥帝博大學（De Paul University）的喬瑟夫・法拉利（Joseph Ferrari）以及渥太華卡爾登大學（Carleton University）的提姆西・皮切爾（Timothy Pychyl）博士。為什麼這兩位會認為拖延是件好事呢？這兩位學者都在一小時左右就以電子郵件回覆我的問題。我非常失望，沒有讀就刪了他們的信件。

所以說，與其不假思索地承襲祖父母輩的俗語，我們實在應該要思考一下當代的拖延研究。一言以蔽之——今日事，沒必要今日畢或明天再做。

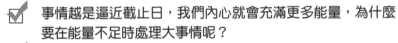

☆ 尚恩語錄回顧！☆

☑ 事情越是逼近截止日，我們內心就會充滿更多能量，為什麼要在能量不足時處理大事情呢？

☑ 拖延也是一種功夫。

☑ 人生有許多種失敗的可能性，每件事都想要立刻進行便是最容易失敗的那種。

☑ 拖延是一種能力的展現——沒有必要的事情就算到了最後一秒也不會動手去做。

☑ 喬瑟夫‧法拉利與提姆西‧皮切爾根本不懂什麼叫做拖延！！！

好了，感謝各位願意在下方簽字。誠如本章中心主旨，各位也不一定要今天簽名。

本人，_____，沒必要今日事今日畢。

職涯必須更上一層樓

狗屁！一層樓也不用！

> 「先玩樂，後享樂。」
>
> ——寶拉‧布魯梅爾，尚恩的曾祖母

　　那些想要在職涯更上一層樓的人，他們往往有著最糟的故事。就拿露伊莎為例子好了，某天晚上她在莫利酒吧興奮地對我們說，她在蘋果公司有機會升為「工程專案經理」了，我們都為她開心不已。凱倫問露伊莎，她現在的工作有什麼不好的地方嗎？

　　「沒有啊！」露伊莎說「只是這個職位我已經做四年了。」

　　「所以呢？」我皺著眉頭說「這啤酒妳不也喝四年了嗎？」

　　「……這啤酒每年都在漲價，尚恩，所以我必須要多賺一點才行！」

　　「這根本沒差吧，因為妳很快就會沒有時間來喝啤酒了。」

　　「這樣反而更好，」露伊莎笑得有些緊繃，「我口袋的錢就會

更多了！」

「少在那裡放狗屁了」，偉恩雙眼迷濛的咕噥著。

「你又有什麼意見了？」露易莎有些不耐地問他。

「來杯 7.2% 的『巨石硬漢濃啤』（Stone Arrogant Bastard）!!!」

所有人立刻表示認同，這個討論也就告一段落了。那晚其實也是我們最後一次見到露伊莎，如前所述，她的人生就從接下新職位的那天開始走下坡。

因為職場而脫離社會

那樣的痛楚歷歷在目——露伊莎每天都在費心管理蘋果的不同專案流程，沒有一起看電影的時間，沒有共進泰式晚餐的時間，也沒有參加喝掛不用錢慈善之夜的時間。凱倫覺得，露伊莎對她而言就好像死了。我們幾個月後看到露伊莎時，她變得非常急躁，骨瘦如柴卻穿了一身華服，說話的速度比以前快了好多。

「嘿大家我下班就直接過來了！快幫我點杯零卡可樂太好了謝謝我現在要打通電話……」

接著我們開始驚訝地看著露伊莎匆忙地拿出 iPhone 並衝到外面講電話了。偉恩，凱倫與我就這樣目瞪口呆地看著她的一舉一動。

「她剛說什麼？」偉恩問，他正在抽著一支塞了大麻的電子菸斗。

「她好像是說，她剛下班就來了，然後要點一杯零卡可樂」，我回答。

「現在已經十一點多了，她剛下班？」

我們邊喝邊等待，然後偉恩不假思索地說，「她在蘋果花這麼多時間是在做什麼……」

凱倫與我對著門口看去，我們三不五時會看到她在門口講電話的身影。

「……我是說，這些東西不都已經做完了嗎？iPhone、iPad跟那爛錶……不都上市了嗎？」

酒吧的門不時會打開，但是走進來的是其他客人，不是露伊莎。

「……還有那些 iMac 電腦，明明都已經做好啦！這是……」

「iPhone 11 代還沒做完啊！」凱倫打斷他，結果偉恩就不可思議地盯著她。

「真的嗎！露伊莎正在搞 iPhone 11，是嗎？」

半小時過後，酒保將露伊莎的那杯零卡可樂倒進流理台，因為她再也沒有進來了。

失去朋友一直是件非常糟糕的事情，而最糟糕的是不明就理地失去朋友。

「為什麼？？？」酒鬼偉恩在夜裡怒吼著，接著含著眼淚抽著那根電子大麻煙斗。我摟著偉恩的肩膀告訴他，「她想要在職涯更上一層樓。」

父親的智慧

當我在大學畢業後告訴父親自己正在找工作時,他當時的反應至今仍令我印象深刻。

「孩子,」他語氣沉重又震驚地看著我「你現在這麼年輕,身體也很健康,你要找工作幹嘛?」

我當時以為他在開玩笑,其實不然。

他只是在好言相勸。披薩芝心餅皮其實是我父親發明的,因此當芝心餅皮問世之後,我父親便可以從每片芝心餅皮披薩分到 0.0018 分錢的許可費用。這數目聽起來很小,不過要是我們思考整個地球上喜歡芝心餅皮的人口,那其實相當可觀。我至今不懂的是——不需要工作,只需要一個小小的創意就可以成為持續的收入來源,這點我父親明明可以說是最完美的榜樣了。

那我這白癡當時是在想什麼?

居然去上班了!!!

我只能說,一個二十一歲的大學畢業生對於工作、職涯、焦慮與瑜珈老師證照的複雜螺旋階層實在懵懂無知,我當時只是覺得,「上班耶,好酷!現在可以自己付帳單了。」

可見當時真的病得不輕吧?父親當時為我支付的帳單,其實都是那些吃芝心餅皮披薩的顧客掏出來的錢。正因為我當時懵懂無知,我就開始為帕索碟盤(Paso Dishes)四處安裝衛星接收器。一開始其實覺得很酷,因為自己可以站在家鄉的屋頂上為家家戶戶

安裝訊號清晰的衛星電視。我後來發現自己忽略了一點——我當時覺得自己非要那份工作不可。我變得非常依賴那份工作，依賴全世界最糟糕的毒品——工作。

「等一等，尚恩—你怎麼可以拿工作與毒品做比較！」

我當然可以！

工作乃入門毒品

事情就是這樣的——沒有工作就沒有職涯，沒有職涯就沒有焦慮，沒有焦慮就不需要去上瑜珈教師培訓課程。

我們來看一下美國的就業人口數字好了。美國目前有超過一億四千萬的就業依賴人口，所謂的「依賴」說的是這些人的生活會因為缺少這份工作而出現戲劇性的改變。假如失業了，他們就要立刻找下一份工作，就像上癮了一樣。倘若各位也開始有些擔心了，那麼下面這份很有名的成癮標準評斷，如果符合其中一項以上，那就代表著濫用工作的情形非常的高。

- **藥量增加**（工作時間越來越長）
- **失去控制**（對於限制工作時間的能力變弱了，甚至完全無法控制了）
- **戒斷症狀**（如果工作的管道被阻斷了，就會產生生理上的症狀反應）

- **耐受增強**（越來越能承受更長時間的工作）
- **取代社交**（比起經營友誼關係，寧願把時間花在工作上）
- **誤交損友**（讓自己身處於都有工作的朋友圈之中）
- **健康**（明知會有負面的影響，卻又偏要繼續工作）

　　正如安非他命、強力膠或吸菸那樣，工作也不是想戒就戒得掉的，而且國家也放任不管。絕對沒有人會在辦公室門上看見這樣的標語「工作對於身邊的人與環境都會帶來相當程度的危害。」對吧？或是「工作會致命！」

　　顯然沒有。因此，相對於那百分之九十八的工作依賴人口，去年只有百分之二的就業人口可以毫無顧忌地拋開工作。

　　我的好友暴躁艾倫就屬於這百分之二的人口之一。他之前是在 UPS 當快遞員，直到某個值得紀念的星期三中午，地點是春日街與二十四街的十字路口上，他緊急煞車並將所有的快遞郵件通通甩到草皮上，而他還一邊哼著「老子不幹了！」就像唱兒歌那樣。幾周之後，艾倫成立了自家的物流公司，自此收入倍增並且容光煥發。

過勞死──因為工作而賠上性命

　　《中國日報》（China News Daily）中的一則報導宣稱每年在這中土之國有六十萬人因為工作過量而死，而日本「只有」

一百五十人而已。日本人甚至還有一個用來形容這種情形的專業用語——過勞死，大致上的意思就像是「笨死的」一樣。然而，這代表我們比較聰明嗎？可惜也不是，完全不是這麼一回事。比起 70 年代，現代美國人的每周工時多了 11 個小時，但卻賺得更少，這樣就很明顯了。美國顯然是所有工業國家中最瘋狂的那個，所有人都想成功，所有人都想往上爬，如果可以的話，就要待在高處。揚雅廣告公司（Young & Rubicam）前不久才有一位相當年輕的員工在辦公桌前心臟病發，而他死前的推特訊息是，「連續工作 30 個小時，還硬朗的很！」換句話說就是，「天啊，我真的是瘋了才會這麼做⋯⋯」

生命換取金錢

上班 30 個小時就為了追趕工作進度！這顯然就是工作的壞處——要真的有所付出，才能換取所得。說這話也許不中聽，但是工作就是這樣——某間公司或政府機構收購我們人生的一部分，然後可惡的老闆就可以對我們予取予求。我們拿生命在換錢！這就是資本主義嗎？抱歉，這並不是資本主義，這是金錢奴役制度！

「好了，尚恩，假如你說的對好了。那又有什麼替代方案呢？」

這麼說好了，想像自己是一個墨西哥沙雕藝術家，我們就管他叫卡洛斯・艾伯多・德爾・卡斯提洛・卡貝薩・德・瓦卡—艾斯克

巴爾（Carlos Alberto Del Castillo Cabeza De Vaca-Escobar）好了。假設這位我記不住名字的聰明藝術家每天早上都會蓋一座沙雕，然後在旁邊放一頂帽子。接下來會發生什麼事情呢？卡洛斯·艾伯多·德爾……什麼東西的只需要工作一小時，然後帽子放在作品前面就可以一直賺錢了。不管卡洛斯是躺在作品旁邊打盹也好，或是在附近街上的餐廳吃芝心餅皮披薩也好，他一樣都是在靠工作賺錢。除此之外，我父親也會賺到錢。這就是我對替代方案的回應——

做些可以讓自己躺著等收獲的事情

幾年前人們對於這位來自墨西哥的沙雕大師完全嗤之以鼻，然而現在這人的全名已經不復存在，但是卻是慢活的潮流領袖！比起拖著疲憊身軀等待業務會議的經理人，這藝術家光是鏟子插進沙堆的那一瞬間就顯得能幹多了。這位沙雕藝術家闖出了一些名堂，而這樣的成就讓他現在可以穩當又被動地賺取所得。他不是以光陰換取所得，而是以工作價值換取金錢。至於那位疲憊不堪的經理人呢？當他面目蒼白、兩腋滿是汗漬地被甩出公司旋轉門，並腦死地癱瘓在租來的高級房車的同時，他就一毛錢也賺不到了。

完成某件事情並以此作為交換金錢的工具並不是藝術家專屬的工作方式，全世界的汽車公司也都是這樣！我說真的，我一點也不在乎福特公司要花多少小時製造一輛 F100 款式的車，對我來說

重點在於其所換取的金錢價值。就算我強調自己寫這本書比前一本書《不需器材也能變胖》（*Fett ohne Geräte*）足足多花了一年時間伏案，讀者們也不會因此付兩倍的錢買這本書。因為讀者們會說——寫快或寫慢，這是布魯梅爾自己的問題。沒錯，因為我並不是領時薪的工作者，而是靠口香糖把我的書黏在線上書店販賣。

也許這樣的價值交換金錢事業對各位來說也行得通？畢竟創意無限。不如就研發一款可以顯示附近餐廳無限暢飲時段的軟體好了，或是詐騙布萊德利・庫柏（Bradley Cooper），要不然就寫一首全球暢銷的金曲好了；發明攜帶式的捷運閘口、舉辦大型選秀活動賺錢、用冰塊鑿個啤酒杯……諸如此類。重點是這樣的創意可以讓我們擺脫工作，因為我們再也不需要工作了。

工作如履薄冰

奇怪的是，很多人還是會覺得工作可以帶來安定感。我當年在睿俠悲哀地盯著電腦配件時，心中也有同樣的感受。當我站在那裡發呆時，心裡想著自己至少可以糊口過生活。假如那可惡的老闆發現我每天都會躲在電視箱子裡睡覺並因此炒我魷魚的話呢？那我當天晚上就要在電視箱子裡而不是家裡睡覺了。

假如，今天有一位為客戶著想的銀行理財專員好了。我知道，這種人根本不存在，所以我才會說「假如」。如果你要求這位專員把自己所有的財產拿去買一支股票的話，各位覺得他會怎麼說呢？

嗯，他會很有禮貌地說，這其實是最笨的方式，他絕對不會拿你的財產做這種事情，然後拒絕這筆交易。那我們又為什麼要將一生投入在一份工作之上呢？

賠本的工作

我在這本書的前幾個章節中寫到各位絕對沒必要少喝酒，然而我卻要在這裡提出一項但書——如果喝酒是為了忘卻工作，這並不是件好事，因為這樣我們等於在亂花辛苦錢，結果反而會更慘。這樣的情形總是屢見不鮮——當我們沒有辦法擺脫工作的羈絆時，我們就會在社群媒體、運動與健康飲食中找尋容身之處。

這樣是不是很悲哀呢？我們竟然要犧牲更多的休閒時間來忘卻工作！工作越是努力，我們就需要更多錢來忘卻工作。這樣根本一點也不聰明。如果工作是為了要讓自己有錢可以花在那些幫助自己忘卻工作的事情上面，這不就像是烤了蛋糕卻因為要減肥而直接丟掉一樣嗎？而且蛋糕根本不算糟了，因為許多就業人士反而需要更有效的東西。

某天中午，我被一位可疑的送貨員吵醒，「你的鄰居喬．安德森，他到底還有沒有住在這裡？」

我聳聳肩膀說，「不知道，他得要工作！要喝咖啡嗎？」

這位帶著鬍渣的消瘦送貨員疲憊又羨慕地看著桌上剛出爐的可頌麵包與咖啡，「謝謝，不用了，可惜我也要工作。」

我替鄰居收下了包裹，那是來自巴西的非法鎮定劑。廢話不多說，當晚我與偉恩及艾倫在黑市賤賣這些東西時聽說某位安德森先生正在找這種東西。

這些小故事當然不是我隨口說說的。請各位仔細想想，如果這位送貨員也可以親自送貨到你的府上，這對你的人生會帶來怎樣的正面效益呢？他媽的每一次都送到你家喔！因為你不是還沒開始上班，就是還沒出門工作。各位可以立刻開箱使用新買的 HB 投影機、派對燈光與電子滑板，而不是要去找討厭的鄰居取件或是一再更改取件時間，只要沒有工作就可以辦到了！假如各位想要體驗這種感覺卻提不起勇氣擺脫工作的話，那我有個方法可以提供給各位讀者──

辭掉沒必要的工作

從周遭的朋友打聽一下自己絕對不會做的工作，上網搜尋或是去人力銀行找也可以，那種一想到就背脊發涼的工作。試想自己的工作就是這樣的話──每天早上都要痛苦掙扎才能出門，工作幾乎沒有辦法落後，然後每天晚上連電視新聞都還沒看到就在沙發上累到睡著。

那就快衝去公司辭職啊！

將車開到星巴克，老闆叫你的時候就將托盤摔在他的腳上，然後大吼，「老子不爽在這爛地方工作了！你去找別人賣這些爛貨

吧！我不幹了！」

買一套西裝並闖進某間大企業的董事會翻桌，然後怒吼著，「你們這些混帳要是以為老子會為這家爛公司工作到死的話，那你們都去死一死吧！老子不幹了，不用聯絡了！」

這些都是一些初階的練習，好保障各位可以順利辭職。首先，假如各位已經可以甩掉這些「虛擬的工作」了，那就辭掉真正的工作吧，就像我和暴躁艾倫一樣。職涯其實就像是倉鼠的滾輪一樣，當局者迷。這話不是我說的，是露伊莎說的。

露伊莎現在正在接受瑜珈教師的訓練，蘋果公司的工作終究讓她精神崩潰了。她再也沒有辦法常常來莫利酒吧與我們相聚，因為職涯已經改變了她的本質，這是她自己的說詞。關於露伊莎的蘋果公司故事，其中最悲哀的就是——我們沒有人從她那裡拿到 iPhone 11。

━━━━ ☆ 尚恩語錄回顧！☆ ━━━━

☑ 我們越是努力工作，就需要賺更多的錢來忘記這份工作。

☑ 切勿落入典型的迴圈之中──工作、職涯、焦慮與瑜珈培訓課程。

☑ 卡洛斯・艾伯多・德爾・卡斯提洛・卡貝薩・德・瓦卡─艾斯克巴爾不是好吃懶作的混蛋，而是領先潮流的慢活主義者！

☑ 大家想要知道辭職不幹的感覺有多棒嗎？那就辭掉自己不需要的工作！

☑ 多吃芝心餅皮的披薩！

好了，請高抬貴手在下方簽名，謝謝。

本人，＿＿＿＿＿＿＿＿＿＿＿，工作沒必要求上進。我根本不需要工作！

此物必須擁有！

誰鳥你！為何擁有越多反而更令人生氣？

> 「我們不應該為了追求沒有的事物，
> 而失去手邊所擁有的事物。」
> ——伊比鳩魯，古希臘人，業餘哲人

　　大家都知道有錢也買不到幸福，我想大家還不至於傻到那種程度。大家也知道，新事物也不能帶來永久的快樂，而「更多」也不見得就是「更好」。因此，我們才會選擇購買那些真正能夠豐富人生的東西。像是會發光的家用拖鞋，這樣夜裡想去冰箱拿瓶啤酒時就不會摔得狗吃屎；電動削鳳梨器，或是為家裡的雞尾酒調理機弄一台不會斷電的發電機。

　　然而，問題在於我們適應新奇事物的時間太快，快到我們才買回家就開始覺得爛透了。古希臘人說這種感受為「享樂適應」（Hedonistische Adaption）——他們可能也是因為買了什麼爛透

了的東西之後百思不得其解，於是才想出了這個定義。

如果發光家用拖鞋的新鮮感也開始退去了，我們又該怎麼辦呢？沒錯，我們就會再買新的爛貨。網路上這麼說──當我們的基本需求（煎餅、啤酒、沙發）獲得滿足之後，接下來購買的東西都不會讓我們感到快樂，反而會更不快樂。我覺得這個說法相當有趣，因此也在春日街與二十四街口進行了驗證──單純就是觀察紅綠燈下那些開著高貴名車的駕駛表情。大家知道我看到什麼了嗎？沒有一個人的表情是快樂的，而且每個人幾乎都像是在期待什麼似的。然而，那又會是什麼呢？畢竟他們已經擁有高貴的名車了。

大家知道誰完全沒有壓力嗎？那就是達賴喇嘛，他擁有著安定西藏的和善本質。我常常在想，這傢伙怎麼會這麼平和？直到最近才想通了──因為他沒有打電話給產品熱線的必要！他不用鬼打牆地與那些讓人血壓高升的客服熱線打交道：「目前忙線中，下一位為您服務的工作人員三小時後即可接通。」他只要輕輕鬆鬆地品茶就好了，不然就是自在地在大自然裡散步並欣賞野菊花的美麗樣貌。達賴喇嘛不需要更新 iPad 作業系統，因為他根本沒有這種東西；他也沒有付費電視接收器、沒有 X-Box，也沒有 Kindle，因此不管是亞馬遜或國家情報局（NSA）都不知道《裸身更美麗── 30 日瘦身法》（*Nackt besser aussehen in 30 Tagen*）這本書，達賴喇嘛是翻到第幾頁了。

我覺得這位不用跟客服熱線打交道的達賴兄真的超酷的，因為他連有製冰機的冰箱也沒有。正因為達賴喇嘛能如此明察秋毫，

他早就知道這些爛東西只會令人生氣。不管任何產品對他百般引誘，達賴喇嘛都會覺得——自己總有一天要因此與客服熱線打交道並且被那可惡的機器錄音當作小孩一樣對待，「手邊沒有序號嗎？沒問題，讓我們一起來找找吧。首先，我必須知道你現在使用的是什麼產品，是彩色的嗎？圓的？小的？方的？請告訴我，彩色請按一，方的請按二。」

讓我告訴各位——除了奇裝異服之外，達賴喇嘛這傢伙做的任何事都是對的，任何事！他實在是太聰明了，根本不會一再地落入同樣的陷阱，這陷阱就是：「哈囉，白癡！對，就是你！聽好了，我們的產品超酷的，擁有這產品就可以讓生活充滿樂趣，而你的朋友們早就有了！難道你不想要擁有嗎？」

當然不想。達賴喇嘛與我都堅信——我們購買的每樣產品與服務，不論是訂購或訂閱，總有一天都會奴役我們的時間與精神。因此，我給各位的緊急忠告是——

不要購買任何設有客服熱線的產品！

還有——要選擇購買那些我們本來就知道不會讓自己更快樂的產品——像是地毯、奶油碟或桌子。這些東西基本上都是我們真正需要的東西，然而我們不需要的東西卻往往更常出現在眼前。

因此，各位要知道每樣東西的歸屬。以下暫且提供幾項選擇，這是我最近某次喝了幾杯布魯梅爾濃啤酒後想出來的。

度假小屋

你喜歡選擇不同的菜色，而且看電影也不喜歡看第二遍嗎？那你也不需要度假小屋。難不成你真的想要從現在開始都去同一個地方度假？或是因為暴風雨把棚子吹倒了，眼看就要壓到樓下的咖啡廳，因此你非得開車過去處理嗎？

我對於購買度假小屋的標準在於──首先是我常常拜訪的地方，然後那裡的朋友問我為什麼都不買時，我才會到仲介公司的櫥窗上看看。而我總是會遵守自己發展出來的公式──購屋價格除以5000 就等於每個人夢幻度假的次數，也就是我能夠為度假小屋所做的付出。計算範例──聖地牙哥使命海灘（Mission Beach）後第九排的破爛木屋要價四十萬美金，這個數字可以讓我與凱倫去度假四十次。去哪度假？聖地牙哥使命海灘後第一排的四星級別墅。

電動跑車

最近我與胖子查理有次開車停在一輛帥氣的特斯拉電動車（Tesla）旁，這輛車牽著一條很粗的管線連在充電站上，就像胎兒的臍帶一樣。

「應該做成無線的電動汽車吧，」查理嘆了口氣說，而我則接著說，「而且要一兩分鐘內就可以充完電才可以。」

「沒錯。而且應該要弄點聲音出來吧，這樣那些慢跑的人才不

會一直撞上去。」

「而且要省電才行，這樣車上的人才可以隨心所欲地開冷氣。」

查理與我踏出我那輛 47 歲的老福特汽車，鑰匙要插進門裡才能上鎖，還會發出聲響。

「想想那些可以開超過兩百七十英里的汽車⋯⋯」

「⋯⋯價格又便宜，幾乎每個人都可以負擔的起。」

我挑起眉毛說，「說真的，查理，這瘋狂的東西到底是誰發明的？」

彈簧床

真的有人想要每天都像在旅館睡覺一樣嗎？一點都不會覺得這是個壞主意嗎？那就買一張又貴又笨重的彈簧床吧！別忘了將那張「請勿打擾」的牌子也一起買回家，當然還有放滿過期食物的小酒吧冰箱，床蝨也不要客氣，一起帶回家。真正的彈簧床迷還會模擬飯店走廊的聲音，網路上可以買到所謂的白噪音設備，其中品質較出色的款式還會加入冰箱故障的音效。大家也可以留著家裡的舊床，買彈簧床的錢就用來買好喝的啤酒。一張彈簧床的錢可以換來兩千瓶布魯梅爾濃啤酒，這樣夠各位整整昏昏欲睡三年了。

智慧型手錶

手錶向來就是一種象徵，代表著持有者的身分與地位。那麼智慧型手錶又象徵著什麼呢？持有者沒有錢買一支真正的手錶嗎？還是持有者沒有辦法管理自己的身體健康？至少當某人想要打劫他人時，包包裡還有一支昂貴的手機嗎？某項測試比較了勞力士打從 1950 年問世的水鬼錶與 LG 智慧型手錶，結果獲勝的當然不是最流行的智慧型手錶，而是純正的勞力士！勞力士沒有傳送屁聲到手機的功能，一切歸功於不需要充電的自動錶盤、防水 3900 米以及那傳奇的廣告對白「兒子，以後這支錶就是你的了！」完全不會引人訕笑。我是說真的，大家真的不需要智慧型手錶！此外，如果各位已經開始認真看待上面提到的勞力士並且考慮要將辛苦錢砸來買一支昂貴又奢侈的機械錶的話……

奢侈錶

各位今天早上邊吃早餐邊讀報時已經確認過自己還沒有擠進世界百大富翁的名單了嗎？那麼各位也不需要擁有什麼奢侈錶了。老實說，除了夜裡走在洛杉磯巷弄中的內心焦慮不安之外，我們對這東西是能有什麼期待？靠這支錶可以知道時間──但是手機上明明就有時間顯示了；還是因為這支錶可以讓別人知道你事業有成？拜託，誰不知道你並沒有事業有成！老虎伍茲（勞力士）、

若望・保祿二世（歐米茄）或約翰・屈伏塔（百年靈），這些人都是成功人士，而且沒有人需要靠他們手上的名錶才會知道他們是誰。我認為除非名錶是別人送的，否則就沒有戴名錶的必要。正因為名錶不是自己掏腰包買的，所以手上那支十八克拉的百達翡麗（Patek Philippe）鸚鵡螺手錶因為自己在遊艇上打開洗髮精而滑入太平洋時，才能這麼輕鬆自若地說，「啊，真倒楣……！」

沙灘身材

提問——各位一年有幾天是在沙灘上度過的呢？好的。那一年有幾天是需要維持這樣的身材呢？謝謝。那各位到底是為什麼需要擁有沙灘身材呢？根據統計數據來看，我們的一生中躺在沙發上的時間要比躺在沙灘上的時間多了一百倍。

我們需要的其實是沙發身材！

所謂的沙發身材就是讓我們在看完七集《反恐危機》（*Homeland*）並吃完三桶 Ben & Jerry's 草莓起司冰淇淋後，穿上運動褲與 T 恤還能覺得輕鬆自在。什麼？這樣的比較太爛了，因為其他人不會看到我們躺在沙發上的樣子，只會看到我們在沙灘上的樣子嗎？

世界知名心理專家曾經這麼說過——如果只是為了別人才想要做些什麼的話，那就算了吧！

私人教練

　　我最近有一次送一箱布魯梅爾濃啤酒去巴索羅布列斯運動俱樂部時，意外地見證了一場奇人奇事。我透過餐廳玻璃看到急躁漢克正汗如雨下地舉著兩個啞鈴穿過健身房，就像一隻墜入沙拉菜園的鸛鳥似的，而跟在他身旁吆喝的正是穿著藍色 T 恤的鐵面私人教練——克里斯。

　　「這樣作秀是可以賺多少錢？」我問胖子查理，他像平常一樣面無表情地站在收銀台前。

　　「一小時一百美金！」

　　「什麼？我也要！」

　　「那是付給那教練的錢！」

　　「喔，那算了。」

　　讓我們認清事實——私人教練的特點就是很貴。真正的動力其實不是來自教練員，而是從我們口袋裡掏出來的錢。我們一樣可以繞著住家跑十圈，然後付給自己一百美金。「太棒了，尚恩，繞著住家跑太讚了，這樣才會越來越進步！」[18]

　　所以說——如果今天是要付錢給別人，那不就是一般所謂的什麼……？老闆嗎？那我們究竟是為什麼要付錢給一位私人教練，然後讓他來對我們頤指氣使呢？如果各位還有辦法自己走路，而且扛

---

18 這裡是反諷，意思是說繞著房子跑很無聊。

牛奶上車時不會腰痛的話，那就不需要私人教練。

晚禮服

當凱倫在西好萊塢的某間名店中一件接一件地試著《格雷的五十道陰影》中的「黑色小禮服」時，我正坐在一張皮製沙發上搜尋「女人試穿禮服時，男人可以做什麼？」

「怎樣？你覺得呢？」

我抬頭一看就幾乎被嚇到了──眼前站著一位美麗的女人，身穿著一件露肩晚禮服。我立刻說，「太美了！而且……妳看起來真的無敵美，哇！」

凱倫立刻親了我一下，然後就消失在更衣間裡了。凱倫那件禮服要價 739 美金，於是我就知道女人在試衣服時，男人可以做什麼了──走為上策！

紅利回饋卡

累積里程、點數或數位點（某些電信公司的集點方式），就像松鼠蒐集果實一樣。松鼠可以靠那些富含營養的果實度過寒冬，而我們卻只能靠那些點數換來微不足道的鍋具換購折扣並將自己的身分曝光，遠比強力探照燈下的脫星還更不堪。那些紅利回饋卡其實代表著我們鉅細靡遺的購物習慣分析，內容詳細到紅利計算公

司的工讀生都可以幫我們跑腿購物了，就連保險套的尺寸都不會買錯。

如果各位不在乎自己的醫療保險明年會漲價，因為各位使用紅利卡買了 2980 盒駱駝牌香菸，而非燕麥——我們的購物資料遠比 1% 的折扣更有價值！如果後面的結帳隊伍很長的話，不妨就對自己能夠信賴的結帳員聊聊這件事情。

板底會發光的立式單槳衝浪板

各位一開始當然會覺得，嘿，這種發光衝浪板一定要買啊！因為自己太常在夜裡醉醺醺地在太平洋上衝浪，而且一隻鯊魚也沒有看到——這樣代表鯊魚也沒有看見我們啊！除此之外，這發光的功能不只會吸引那些吃人怪獸，還有岸上那些厚顏無恥的小偷也可以知道我們的行蹤並且輕輕鬆鬆地將雞尾酒機裡的飲料喝光光。由此可證，會發光的立式單槳衝浪板乍聽之下也許很酷，但是真的不需要！

─────── ☆ **尚恩語錄回顧！** ☆ ───────

- ☑ 任何有客服熱線電話的產品都不要買！
- ☑ 不要買任何購買之後會立刻覺得後悔不已的東西。
- ☑ 古希臘人沒有會發光的居家拖鞋。
- ☑ 任何我們沒有的東西也無法使我們感到生氣。
- ☑ 達賴喇嘛也沒有沙灘身材。

啊，懇請在下方簽名，謝謝。

度假小屋、電動跑車、彈簧床、智慧型手錶、昂貴的名表、沙灘身材、私人教練、晚禮服、紅利累積卡與會發光的立式單槳衝浪板都不是本人，＿＿＿＿＿＿＿＿＿＿＿，需要的東西，我通通都不要！

誰鳥你！做自己才是王道

休閒

·

為什麼你不能用 iTunes 來製造原子火箭？

整理收拾對你一點好處也沒有？

天氣晴朗時不用逼自己出去走走也沒關係？

　　身為本年度「骯髒廚房競賽」的銀牌，我深知多數非要不可怪獸並非潛藏在職業生活，而是休閒時間當中。牠們埋伏在與人同高的髒碗盤、堆滿雜物的車庫與智慧型手機之中。

　　打掃、洗衣服以及喝了半瓶紅酒後閱讀九頁半的約會軟體使用者合約——這非要不可的危險性就是在休閒時間裡達到最高，因此我們必須在這種時候堅決地對非要不可怪獸講清楚，説明白，「誰鳥你！」

　　休閒時間這四個字畢竟不是平白無故地被放在一起，網路字典也證實了，「休閒時間就是工作時間以外，屬於個人自由掌控的階段，沒有任何責任的負擔。」

　　但是「打掃」就真的不費工夫嗎？而「週末活動」就不會有任何負擔嗎？或許並非如此。所謂的自由掌握也應該包含那些陽光普照的時間，因為陽光美好又健康——這種強迫每個人都要去曬太陽的感覺真的會成為問題，不信的話就去問沙灘上那些曬得通紅的怪人，記得幫他們請醫生過來看看。

　　還有問題嗎？我來説明！什麼時候？就是現在！

我必須打掃！

誰鳥你啊！
為什麼我們應該要為了紊亂的
生活習慣感到驕傲？

「生活井井有條的人是因為他們懶得找東西！」
——寶拉・布魯梅爾，舉世聞名的曾祖母

　　我很難相信有這麼多人會認為自己必須要維持整潔，而且會因為沒有做到而覺得良心不安。請各位仔細想想——我們將太空人送上月球、開發出自動駕駛的汽車並讓機器人幫我們修剪草皮，但是內心卻維持著戰後時期的思維。這個世界正以不可思議的速度持續發展，而我們對於家務的態度卻根深蒂固地停留在原地——五十年來一向清潔溜溜的廚房與一位光鮮亮麗的家庭主婦形象。

　　拜託！我剛才瞥了一眼時鐘，現在可是 2015 年！也可能是2016 或 2017 年，端看各位什麼時候翻閱我這本書。報章雜誌

與諮商單位怎麼可能還在強調井然有序的生活才是幸福與自由之道！我要告訴各位，這年頭若有人覺得幸福必須建立在成功預約大型垃圾到府清掃，或將廚房櫃子擦得一塵不染的話，那絕對要去找個心理諮商師談談了。

可惜到現在還有人在強調「井然有序就是成功生活的一半」這種鬼話，而十八歲的年輕人突遇訪客上門時還得羞恥地咕噥著，「抱歉，家裡這麼亂，我都沒有整理……」何不就說，「上星期家裡乾淨得跟什麼一樣，可惜啊，你太晚來了……」這樣豈不是更好？竟然還有人認為乾淨清潔的寫字桌會讓我們變得更好且更快樂，而曾經即將成為我前妻的特麗莎就是這種人。舉例來說，每次我在家找打火機時，她就會很認真地對我說：

「尚恩！物歸原位，節省時間又不用被罵。」

我就會回她，「特麗莎！狡兔有三窟，東西隨處放，妳就不用找，因為隨手可得！」她聽完就會發火。

我很清楚，特麗莎早些年就已經警告過我應該要展現出基本的責任感，至少我應該讓可悲生活中那些最重要的事情保持井然有序。我問她，為什麼？她說我會因此覺得比較好受。我立刻去文具店買了兩個資料夾；一個寫著「莫利酒吧」，另一個則寫著「收據」。我還因此自豪了幾個小時。等到我當晚拿著莫利酒吧的收據回到房間時，我突然覺得不知所措──那張收據應該要放進哪個資料夾呢？「莫利酒吧」呢？還是「收據」呢？我後來決定放進「莫利酒吧」這個資料夾中，但是後來又覺得不妥，於是我又將收據放

進另一個資料夾裡，結果心裡還是一樣覺得不對勁。最後我又起床將收據拿出來放在兩個資料夾的旁邊，幾天後我又買了第三個資料夾，上面寫著「莫利酒吧的收據」並將那張收據放進去，我又因此自豪了一下子，直到我將文具店的兩張收據從皮夾中抽出來後……

我想要藉著這個可悲的例子告訴各位——清潔與整理也可能反其道而行。我們不需要清潔整理，真的不用。讓我滿懷熱情地告訴各位為什麼。

清潔整理違反自然

當我們走進原始森林時，我們會皺著眉頭說，「媽的，開玩笑嗎？看看這裡是什麼樣子？！」嗎？應該不會。因為我們心裡有數，原始森林不可能井然有序，不過卻有其運行之道。我們明明就在許多領域中以自然為鑑，那麼這裡又有何不可呢？我們觀察鳥類與昆蟲以研究飛行、觀察荷葉以開發更好的油漆並依據海豚的嘴形來形塑船首。那麼說到整理清潔時，又為什麼不能以自然為鑑呢？

大自然就是這樣——沒有鳥類會拆掉原本的鳥巢並用原材料建新巢，獨腳賴瑞也不會，而每次我將雜草與枝葉丟進牠的籠子時，牠顯然就會變得更加雀躍。貓也不會分享老鼠，不論是分來吃、餽贈、丟棄或轉交，通通都不會發生。樹木也不會依據日期將落葉分類到 2015 年的秋天資料夾中，因為大自然就是這個樣子運行的。若有什麼東西落下來了，那它就會在那兒靜置。環境會變

髒，一切不再整潔乾淨；若什麼不見了，那就不會再出現了——這正是尚恩·布魯梅爾的持家之道。

清潔整理足以致命

我們暫且停留在以自然為鑑的話題上，時間為大自然一層層地添加衣服，朝著前方與光線邁進並持續地生長著，越來越茂盛。當我們清潔整理時，又可以得到什麼呢？這他媽根本是在反其道而行啊！我們硬是要唱反調，脫下一層層的衣服，挖掘出不堪回首的過去——一張 2011 年就到期的一百美金冰淇淋兌換券、一捲有著手寫曲目的卡帶——大衛·赫索霍夫《尋找自由》專輯，還有一封從未讀過的信件——淚痕斑斑地懇求今生摯愛能夠再給自己一次機會，偏偏自己現在已經與一個窮光蛋或來自肯達基的特麗莎結婚了。發現這些東西自然會讓我們懊悔不已，甚至可能引發憂鬱症或自殺的念頭。等到我們真的因此掛掉之後才會覺得，「這是在搞什麼鬼，早知道就不要打掃了！」好在各位在懂得選書的書店買了這本書啊！

清潔整理浪費時間又失禮

持續的清潔整理會打斷我們的日常作息並且消耗我們做正事的時間——像是經營友情這件事。最近一次我與凱倫受邀去急躁漢

克與耐性蘇西家吃飯時，就在我吃完點心並將湯匙擱在盤子上的那一秒，漢克就開始清潔整理廚房。整整半個小時，碗盤的聲音東起西落，還有扭抹布的聲音與開關櫥櫃的巨大聲響，彷彿是在告訴我們，「你們聽到沒？正當你們坐在那裡喝著昂貴的有機紅酒時，我完成了多少事情。」

好了，我們聽到了。明天早上起床時，廚房清潔溜溜確實是一件很棒的事情，不過問題是——我們還在你家耶！我們多少都會覺得，該消失的不只是自己用過的骯髒碗盤，好像自己的某一部分也應該要消失才是。我了解漢克的為人，我知道他就是這樣，而他的碗盤強迫症也毀了整晚的交誼氣氛，因為凱倫與我都很清楚——就在我們走出他們家並踏上計程車之後，蘇西與漢克就會立刻大掃除，彷彿我們不曾到訪一樣。

打掃，賠上三倍的時間

一星期之後，我問急躁漢克為什麼總是要立刻打掃呢？他的回答是——這樣才有效率！

我勉強擠出一個笑容，接著回到電腦前就立刻開始搜尋反證。滑鼠點擊幾下之後，我就找到某位來自哥倫比亞某間商學院教授的一段訪談。這位親切的教授證實，那些總是將寫字桌保持整潔的人反而需要多花 36% 的時間找東西。看吧！除此之外，我也可以告訴大家為什麼那些人會錯失這 36% 的寶貴時間。

　　大家都知道我過去與特麗莎在一起的日子。她就像是日本汽車製造廠的辛勤管理者一樣，總是在嘗試找出更好的理家方式，結果當然沒有一次行得通。某天晚上我去參加莫利酒吧的特級龍舌蘭之夜，隔天一早走進浴室想要找頭痛藥時發現醫藥箱的歸類方式已經不同以往了。

　　不同以往混亂的盒式、捲式與鋁箔包裝，我盯著眼前兩打盒子，上面貼著彩色的字母標籤。我打開 A 盒想找阿斯匹林（Aspirin）或我可舒適發泡錠（Alka-Selzer），沒有。接著打開 I 盒想要找布洛芬（Ibuprofen），也沒有，直到我在 P 盒也找不到撲熱息痛（Paracetamol）後，我溫柔地叫醒當時即將成為前妻的特麗莎，「搞啥！特麗莎！什麼都找不到，在哪啊！」

　　各位知道嗎？除了不可避免的一場爭執外，特麗莎自己也得要翻遍所有盒子才找到頭痛藥──阿斯匹林、布洛芬與撲熱息痛全部都在 S 盒裡面──尚恩（Sean）的盒子……

　　這一則瑣碎的真實故事告訴我們，特麗莎根本沒必要浪費時間整理那些東西。她浪費了三倍的時間──首先是浪費時間發明沒有用的系統，再來是浪費時間寫那些沒有意義的描述與重新整理盒子，最後就是浪費時間找出想要的藥品。我根本不需要戴上眼鏡或依靠任何系統就可以找到阿斯匹林了，因為包裝就是綠色配白色，而且就放在抽屜的左邊，就這樣。

　　這位來自哥倫比亞的親切教授所提出來的 36% 寫字桌例證，順道一提他的名字叫艾瑞克‧阿伯拉漢森（Eric Abrahamson），

他自然享有盛名並且證實了我的理論——花太多時間整理的人，最後真的一無所獲。我想要在此推薦阿伯拉漢森教授的書籍給大家——《完美的混亂——作息混亂的人不但快樂又更有效率》（*Das perfekte Chaos: Warum unortdentliche Menschen glücklicher und effizienter sind*）。（別擔心，這本書不是伯納爾出版社出版的，而且我也沒有讀過，但我可以想像自己應該會喜歡這本書。）

　　當我們放下清潔打掃的時候，快樂又有效率當然不會是唯一的好處了。

　　左：蘋果公司創辦人賈伯斯（2011 年財產預估有 830 萬美金），沒有走動空間的地板代表著財務問題嗎？好的，謝謝，顯然不是這麼一回事……
　　右：臉書創辦人馬克・祖克柏（2014 年財產預估有 270 萬美金）。井然有序的寫字桌代表事業成功！哈……這樣啊……

紊亂更可親

　　我不知道大家是怎麼想的，但是要是我受邀到別人家做客，一走進對方家中就好像走進《建築生活》（*Architectural Digest*）

雜誌一樣的話，我一定會立刻覺得渾身不自在。假如我接著又看到書架上的書都是依據作者姓氏與類型分門別類的話，我的內心就會感到恐懼。我會問自己——這主人究竟是怎樣的人類？究竟是什麼事情讓他變成這樣的？而且他們怎麼會沒有把《我的奮鬥》[19] 藏起來？然而要是我遇到那些家中東西堆得亂七八糟的人時，就跟我家一樣，那我就不會覺得自己像個沒有教養的莽漢。

左：巴菲特的寫字桌（2015 年個人財產預計高達 720 萬美金），他是世界第三有錢的人，他是物質的俘虜嗎？才怪……

右：美國前副總統高爾（Gore），要是他懂得整理書桌的話，當年肯定有機會成為總統的！是這樣嗎？

紊亂能帶來成功

井然有序，至今依舊經常成為我們的生活教誨，真的是成功道路上最重要的事情。哈哈哈！事實當然不是如此。這世上就是有一

---

19 希特勒於 1952 年出版的自傳，其中宣揚其政治思想，被稱為「世界上最危險的書」。

群人，他們的辦公室裡根本亂到無路可走，但是偏偏在波光粼粼的太平洋岸邊擁有兩千萬美金的度假別墅。或許就是因為他們擁有將精力花在重要事情上的成功特質，而不是花時間在歸納整理上。

各位不妨看看上面那些我從網路上下載的照片好了。這些照片告訴我們，這些人不是因為會整理而成功，而是因為紊亂而成功！這點相信大家也辦得到。假如各位也將辦公桌弄成這樣的話，其他人就完全無法掌握你的工作，這樣你就讓自己變得無可取代了，得來全不費工夫。

希望我已經說服各位根本沒有打掃整理的必要了，接下來再提供大家一些實用的建議，以備不時之需。

分散

東西到處放，完全不用找就會立刻出現在眼前！

如果老是找不到某樣東西，那就多買一些。我以前就經常找不到打火機，後來與特麗莎分手就買了一百個打火機並分散在家中的各個角落，從此之後我與凱倫根本不需要花時間找打火機了。

無為而治練習

無為而治練習的意思就是，故意將東西放著不管，就算隨手可以清理掉也一樣。下次你將洋芋片的空袋子留在客廳桌上並準備起

身走到廚房時，不妨嘗試一下不要管那包裝袋，逕自走去廚房就好——這就是無為而治。就讓非要不可怪獸在一旁氣急敗壞地說，「哈囉囉囉囉——！？有沒有搞錯啊？還不快把洋芋片的袋子拿走！」

「誰鳥你啊！」

「袋——子！你都要去廚房了！」

「所以咧？」

「袋——子！」

無為而治練習只是一個開端，然而如果連洋芋片的袋子都沒有辦法不理的話，那這輩子還能妄想不讓人牽著鼻子走嗎？

走為上策

丈母娘一再地挖苦你家有多亂？千萬別生氣，而是要好好把握丈母娘到訪的機會與朋友相約出門狂歡，不然去市區一日遊也很好！

打掃整理本來就是一件苦差事了，更何況今天是為了別人才得打掃整理，這樣不僅有損自尊心，而且面對那位間接逼自己要打掃的人時，態度也不會好到哪裡去。更糟的是——這樣的人反而容易成為不速之客，因為家裡打掃得太舒適了。各位不妨這麼想好了——與其為別人打掃，不如走為上策。

眼不見為淨

整理專家在某件事情上是對的——太過紊亂是一種負擔。然而，與其下意識地開始整理，保持自在的距離比較好！首先，找出家中最讓自己受不了的地方，然後封鎖這個地方並把鑰匙丟掉。有沒有發現心情立刻變好了呢？

搬家

如果家中需要眼不見為淨的地方太多，不安的人很可能會因此覺得自己的東西真的太多了。錯！不是因為東西太多了，而是家裡太小了！與其大張旗鼓地整頓生活，不如拿瓶冰涼的啤酒在家附近找找新的房子。

高高在上——獨腳賴瑞的伎倆

因為其他人說你家完全一團亂，所以你就感到不安了嗎？那就從鳥類的角度思考這件事情吧！閉上眼睛並往上飛，獨腳賴瑞受傷復原之後就是這樣的。牠在高空中可以看見我混亂的花園嗎？沒錯，什麼也看不到！所謂的一團亂根本不算什麼！這麼不起眼的紊亂有必要立刻處理嗎？誰鳥你啊！從鳥類的角度來看，所謂的一團亂都會變得微不足道。

工作分配

典型的伴侶問題——凡是你覺得舒適的事情，都會毀在伴侶的手裡。解決之道——講好責任範圍。凱倫與我就講得很清楚——家裡是她的責任範圍，我什麼都不用管。我該怎麼說呢？完美分工！

付之一炬

有一篇報導說我們其實只需要身邊 5% 的東西而已。太不可思議了，或是說 95% 都是完全沒有用的東西，這些東西要是突然不見了也不會覺得可惜。為什麼要這樣分類呢？幹嘛不乾脆把那些不需要的東西燒掉就好了？這點請各位思考一下，就算這個說詞有點美式又不怎麼環保——付之一炬的決定不管怎麼說都有 95% 正確的機會啊！

☆ 尚恩語錄回顧！☆

☑ 打掃整理違背自然──沒有任何鳥類會拆掉原本的鳥巢來建新巢！

☑ 打掃整理會發現讓人懊悔不已的東西。

☑ 一邊交際又一邊整理的人，也會讓友情同時一掃而空。

☑ 世界上最有錢的人，他們的辦公桌看起來都像豬窩一樣。

☑ 同樣的東西到處放，完全不用找就會立刻出現在眼前！

好了，現在還是想要打掃嗎？不想了嗎？那請找出一支筆來並在下方簽名。

本人，＿＿＿＿＿＿＿＿＿＿＿＿＿，沒必要打掃整理。真的沒必要！

週末一定要做些什麼！

誰鳥你啊！不如好好休息！

> 「如果週末非得要休息，那就不是週末。」
> ——布萊恩・布魯梅爾，尚恩的父親

那些總是要把週末行程排得滿滿的人最常說什麼呢？沒錯，「真是要瘋了，週末怎麼這麼快就過了？」我也可以告訴各位——這與在辦公室待了一整天後還要去上健身房有異曲同工之妙。

週末跑到哪去了呢？當然是來找我與凱倫啊！除了頂級肋眼牛排搭配上等的梅洛紅酒之外，還有整套的《絕命律師》（Better Call Saul）影集。我並不是想在這裡拿我們家美好的休閒時光說嘴，畢竟我們週末有時候也會吃冷凍披薩配小杯奶昔，然後看大專足球賽轉播。節目越少越好，這樣醒來時就不會覺得，「媽的，週末怎麼這麼快就過了？」而是「嘿，今天才星期六……！」

週末規劃越少，就會覺得週末比較長！

我已經脫離有妻狀態三年多了，過去每到星期五晚上，我的前妻都會無情地丟出同一個問題——而且都是在我吃下第一口花生冰淇淋的當下：

「尚恩，我們週末要做什麼？」

「當然什麼也不做了，週末耶！」

挖冰淇淋的湯匙還插在我最愛的冰淇淋中，但是廚房另一邊早已風雲變色了。我當然知道接下來會發生什麼事情——特麗莎就會開始嘗試說服我，「正常人」在週末會做的事情，將我推向不屬於我的社會生活之中。

「安德森一家人要開車去洛杉磯。」

「所以呢？妳說這話是什麼意思？」

「喔，我只是想說，我們也可以出門去哪裡晃晃。」

「為什麼？」

「這樣我們才有事做啊！」

「出門去哪裡晃晃，這樣我們才有事做？這就是妳的週末規劃嗎？」

「尚恩，講話不要這麼酸好不好？我當然不只是想出門晃晃而已，但是安德森他們一家……」

安德森一家，安德森一家，我超討厭安德森一家的！我超討厭這家人去什麼跳蚤市集、博物館、品嘗橄欖油或什麼騎馬郊遊；我

超討厭這家人那些該死的 SPA 之旅及巴索羅布列斯文化廳的「音樂美酒」之夜。我週末只安排超市購物或約偉恩一起去泡酒吧，結果還忘記把烘衣機裡的衣物拿出來，這種時候安德森一家就會臨時起意跑去酒莊健行、參觀洛杉磯蓋蒂中心的魯本斯美術展，要不然就是在某間祕魯餐廳與班・艾佛列克同桌共進晚餐。

「嘿，我們還有跟他合照耶，特麗莎，妳想不想看？」

「好啊！要！」

「尚恩，要不要一起看？」

「不要！」

很快地，安德森一家人就變本加厲並開始煽動特麗莎來反抗我。結果我還是一樣堅決反對週末「一定要做些什麼」，安德森一家就乾脆把特麗莎帶走，讓我公然成為一個沒有文化又散漫的週末懶蟲，好像是在懲罰我一樣。

這樣對我來說當然不是懲罰，反而讓我更開心！要是特麗莎沒有跟去的話，那我週末就得要除草、清洗冷氣機濾網、洗車並且去巴索羅布列斯運動俱樂部健身。偉恩認為這些人肯定是罹患了週末版的 ADHS，也就是酒精缺乏過動症（Alkohol-Defizit-Hyperaktivitäts-Syndrom）。我不得不說，一定是這樣沒錯！

小心罹患週末過動症的人！

這種人沒有辦法將工作放下，於是就會卡在這樣的績效思維之

中。全國有一半的人口每天都過著這樣瘋狂的生活，連週末也無法喘息。糟糕的是，這些瘋狂的激進分子不僅根本沒有辦法順利達成休息的目標，反而必須要跟風做些什麼，忠於「成事在人」這樣令人不安的真言。

但是這樣又如何？我就會變成比較好的人嗎？嗯……換個角度想好了──經歷五天，總共六十小時的工作之後，我只想將牛排放上烤肉架，而不是擠上高速公路開兩百英里的路程去洛杉磯，難道這樣就代表我是比較差勁的人嗎？就因為我不想要跟那些看起來像三流脫口秀演員的土包子買要價二十美金的墨西哥捲餅，我就是比較差勁的人嗎？就因為我不想要去那些擺明敲竹槓的旅館過夜，並且因為隔壁房間的俄羅斯派對而整夜無法睡覺，我就是比較差勁的人嗎？

就因為我的妻子與那些喜歡最佳化休閒時光的鄰居想要忍受那樣的生活，而且還像爆米花一樣在我身邊煩個不停，所以我就要跟著犧牲週末的安寧與放鬆時間嗎？好在特麗莎已經搬回肯塔基了，一切都已經過去了，她現在與安德森一家只維持噓寒問暖的關係。各位知道，最棒的是什麼事情嗎？就是我的新伴侶凱倫，她的週末計畫竟然比我還要少──根本像是做夢一樣！

我最近有次趁著在二十二街與公園路口等紅燈的時候上網查詢「週末壓力」這個詞，而光是瀏覽那些結果就足以讓後方車輛上演一場喇叭音樂會了，這戲劇化的反應也同時證實我所言不假。其中一篇文章指出，我們應該將週末視作是充電的時機，好讓我們精

神飽滿地迎接下一週。當我們忙著在週末參加那些不適宜的文化活動與處理家務這些瑣事時，那就像是手機充電到 37% 時又將充電線拔掉的意思一樣。

「尚恩，沒錯，處理家務這些瑣事說起來很簡單，但是這些事情都是平常在週間沒有時間處理的啊……」

是的，如果這些事情是平常在週間就不會處理的事情了，那代表也不是多重要的事情。至少沒有重要到不能推到星期一再做，我的意思是——

週末不做家事！

秉持著這樣的信念，這樣不僅是週間，就連週末也可以盡情享受自己喜歡的活動了。非要不可怪獸會在一旁起鬨，說你必須把廚房整理乾淨嗎？那你就上網搜尋一下「骯髒廚房」的圖片，這樣你就會明白自己家的廚房離真正骯髒的廚房還有好幾年的路要走。忽視非要不可怪獸的叨擾，去做你自己想做的事情吧。

如果有人到目前為止，每個週末都精神奕奕並擔心一事無成的週末會帶來負面影響的話，那請看看我接下來列出的週末清單。其實也不是一定要什麼都不做，只是不能夠有任何實質上的效用！基本規則就是——很有趣，但是沒有任何效用。假設你在星期六開車去加滿油，因為油只剩一半了，那這樣就是實質上的效用。當然是對加油站有實質的效用，對你卻沒有，因為加油哪能放鬆心情？因

此，我的建議是，請在週間去加油，反正心情本來就很緊繃了。以
下是我的週末清單——

週末活動的放鬆值

活動	趣味性	效用	輕鬆值
加油	-	+	差
運動	-	-	非常差
整理家務	-	-	非常差
魯本斯美術展	-	-	非常差
運動節目	+	-	好
性愛	+	-+*	好
電視影集	+	-	很好
出門	+	+	很好

〔*效用與是否以繁衍後代為目的有關〕

　　結論就是，不用加油、運動、參觀魯本斯美術展，而且不以繁
衍後代為前提的性愛、看電視與出門吃美食才能夠放鬆身心。
　　「但尚恩，這樣其實已經有點病態了，不是嗎？」
　　我知道，我知道——看電視會讓人變笨，而且電視越大台，人
就會變得更笨，這個大家都知道，我只是不懂為什麼而已。我不禁
自問，做愛後打開六十吋的液晶電視看三集海綿寶寶笑一笑，這樣
跟變笨有什麼關係呢？哈哈，各位知道有一集海綿寶寶為了要取得

失傳已久的三明治配方而想要跟鬼魂接觸嗎？

「不知道。」

　　好可惜，那集真的很好看！不過其實也沒差，好看的影集還很多。最重要的是，不要因為週末沒有做什麼了不起的事情而覺得良心不安。為了讓各位能順利達到這個境界，我提出幾個具體的建議──

不要列出待辦事項清單！

　　正如各位所知，設定目標是沒有意義的事情。最重要的是不要為週末設定目標，拜託各位行行好，就忘了待辦事項清單這件事吧！待辦事項清單非常危險，因為打從列表的那一刻起，我們就會專注在那些數不清又做不完的事情上了。更糟糕的是，每到星期天晚上看到待辦事項只完成一半時，心情還會變得更差。大家真的想要以這種心情面對新的一週嗎？是不是？

　　假如本來就是個愛列清單的人，那不妨試著列一張「不辦事項清單」好了！這可不是我發明的，網路上就可以找得到。請列出那些自己絕對不會在週末處理的事情，這樣每到星期天晚上就不會覺得自己是個魯蛇，反而會因為完全沒有碰清單上的那些事情而覺得自己很了不起。

週日逍遙樂！

　　如果有什麼可以讓自己心情愉快的計畫，像是去泡酒吧之類的，千萬不要在週五或週六舉行，而是在星期天晚上進行！

「星期天晚上去泡酒吧？這樣星期一哪有辦法爬起來去上班啊！」

　　就是要這樣啊！如果非得要去上班，那星期一本來就很糟了，何必要為此精神奕奕呢？週六與週日精神奕奕總是比較好的，畢竟那是你的假日，而不是什麼剝削員工的爛公司的假日。如果可以在週末接近尾聲時做些逍遙的事情絕對會比在星期五來得好，因為這樣至少已經休息了兩天。此外，當週日低潮接近時，自己正忙著逍遙，就不會有時間想到可惡的上司與其他隔週要做的事情了。

帶著週末時光一起去上班！

　　唯有笨蛋才會將工作帶回家，而智者則會將週末時光帶進辦公室——剩下的厚片披薩、喝剩的雪瑞斯紅酒或週日晚間的一夜情。如果你週一帶著這些美食、美酒與趣聞進辦公室，而不是煩人的工作進度問題，那麼你將在同事間大受歡迎。事實就是如此——知名的科學家也肯定會加以佐證，如果能讓美好週末在憂鬱的星期一延續下去，那就是延續休閒時間最主動又聰明的方式。

各位家長，請放過小孩一馬……

家中的孩子會在星期天中午就期待隔天要上學嗎？那肯定是家長做錯了什麼。家長可能不僅把週末行程填得太滿，也把小孩累壞了。孩子也需要放鬆！讓孩子們到處跑、騎單車、探索大自然、玩沙、玩水與玩火。這樣小孩晚上就會很快睡著，當第一段晚間新聞正在實況報導你家附近森林大火的同時，你就可以無憂無慮地去泡酒吧了……

……你的伴侶也一樣！

因為第一段婚姻所種下的內心陰影，我與凱倫交往後第一次共進週六早餐時問她，「我們週末要安排什麼嗎？」凱倫盯著我說，「為什麼是**我們**？」我當下才明白──伴侶之間也不一定要在週末四十八個小時間都黏在一起。

你的伴侶想要多睡一會兒？那就讓他／她睡吧；你的伴侶就是想要舉著電子書並像浮屍一樣泡在水裡嗎？那就隨他／她吧。這同時也是非常好的時機，好讓自己可以看完籃球轉播賽事，而且廣告時間也夠讓自己規劃星期天晚上的酒吧逍遙動線了。

單身無敵！

　　許多單身的人都會對週末感到恐懼，其中又以星期天為最。我們經常聽到，星期天很恐怖，因為其他人都可以完成那些沒有辦法一個人進行的事情──單車出遊、郊外踏青與參觀博物館。唉，這些單身的人其實不知道這樣有多羨煞人！單身的人想要什麼時候起床，就什麼時候起床；早餐不想說話時也不用勉強，而如果沒有意願也不用出門踏青。嘿，我的意思不是說單身是最棒的，而是如果正好單身的話，那就好好把握。因為一旦有伴了，那麼每每想起單身的時光就會覺得惆悵不已，想到都會想罵髒話。

　　如果非要不可怪獸在這個時候對你吼，「你必須去找對象！」的話，那就戳牠的雙眼並用那神奇的話語來回答牠，千萬不要因此就準備出門。畢竟我們在週間認識對象的機會比在週末高多了，五個工作天對上兩天週末，這不就很清楚了嗎？急什麼？

　　正如前面在打掃整理時提到的範例，這裡我們也要以大自然為榜樣。天空、海洋、灌木叢與動物──它們在週末都不會特意安排什麼，至少我不曾聽過太平洋說：「酷，週末耶，終於可以來個瘋狗浪了！」灌木叢也不會想在週末到洛杉磯參加《復仇者》的電影首映會。動物呢？好的，獨腳賴瑞每天早上四點就會開始騷動，不管星期一或是星期天都一樣，因為每一天對這小傢伙來說都相同重要。

　　因此，無論是男人、女人、小孩、單身或灌木叢──都沒必要

為週末做規劃！依你能力所及就行了。下次哪個休閒激進分子問你週末做了些什麼的話，那就帶著誰鳥你的笑容回答對方，「當然什麼也沒做了，週末耶！」

☆ 尚恩語錄回顧！☆

 週末規劃越少，就會覺得週末比較長！

☑ 小心週末酒精缺乏過動症的人！

☑ 如果週間不會想要完成的事情，那就不是重要的事情，當然也不用為此讓週末掃興。

☑ 假如一定要做些什麼的話，那至少就做些沒有效益的事情。

 週末精神奕奕總比週一精神奕奕好——星期天晚上泡酒吧最好了。

是的，懇請大德在週五夜之前高抬貴手簽個名——

本人，＿＿＿＿＿＿＿＿＿＿＿，沒必要在週末規劃任何事情。

天氣晴朗，我必須出門！

誰鳥你！要不然天黑就要回家嗎？

「我不會站在太陽底下，因為這樣後背就曬不到太陽了！」
——寶拉·布魯梅爾，大名鼎鼎的曾祖母

我知道生活暗無天日是什麼感覺，畢竟我曾經跟特麗莎這樣的人結過婚。我也曾經踏上尋根之旅——拜訪德國。我在德國待了兩個星期，當時是五月，飛機降落在法蘭克福機場時，天空正下著傾盆大雨。我當時覺得好壯觀，心想著要是乾旱的加州也可以這樣下雨會有多棒。然而，當時飛機上的德國人並不這麼認為就是了。

此行拜訪德國主要有三個目的。首先，《想幹啥，就幹啥》（*Do Whatever the Fuck You Want*）這本書已經翻譯成 312 種語言，而且德語版發行在即，因此我特別要以德國為主題寫個章節。我上高速公路三分鐘後就立刻興奮地打電話給人在洛杉磯的編輯鮑伯：

「我要超越一切！」

「好，很好。」

「不是，鮑伯，我說的是德國專篇的名稱啦！」

「不好意思，尚恩，德國高速公路沒有速限已經不是什麼新鮮的事情了！」

那就算了吧，我想一想後又在德國這場大雨中快速思考著其他許多事情，一路往南奔馳著。畢竟人已經到了德國，我自然想要造訪一下曾祖母寶拉在格拉芬賴因費爾德（Grafenrheinfeld）的老家，這是第二個原因。顯然她當年是在核電廠出生的，至少她的故居現在是兩座蒸汽冷卻塔。我一開始有些失望，但是後來又覺得，也許這就是她移民的原因，畢竟我從父母那邊聽說布魯梅爾家族生性叛逆。沒錯，就是這樣！這就是我的德國專題了！

「鮑伯？我必須放棄核能的議題了！」

「德國本來就已經廢除核電了。」

「好吧，那我再想想！」

陽光下的罪惡感

此行的第三個目的就是要拜訪班堡的瑪爾斯精釀廠，也就是我幾年前在巴索羅布列斯啤酒節偷走啤酒桶的那家公司。為了展現我個人的一點心意，我裝了一瓶布魯梅爾濃啤酒並偷渡到德國來。

「嘿！四十分錢！」釀酒廠裡突然有人喊了一聲，結果是那位

留著鬍子的警長，他很開心地邀請我到一間很特別的酒館吃中餐。那是一間昏暗的小酒館，裡面的壁爐非常好看，而我的德國專題就隨著那銀色的托盤端到我眼前。當那一絲陽光灑在老舊窗戶上時，所有客人都跳起來往外衝，感覺就像火警一樣。每個人的手上都拿著啤酒杯，就連酒保與服務生也一起往外跑。我不明就裡地看著，然後厚重的門就應聲關上了，只剩下牆上的鐘在滴答地走著。

「發生什麼事情了？」我好奇地問著。

「出太陽啦！大家一定要出去。」看似相當無聊的老闆回答著，然後就起身為我們倒了啤酒。

「那我們呢？」

「我們？我們留在這裡啊！」

我很感激這樣招待我的人，他肯定料到眼前這位來自加州的意外訪客懂得珍惜那些戶外無法做的事情，像是坐在舒適的酒館裡這種事情。我當天晚上又打電話給人在洛杉磯的鮑伯。

「鮑伯！新主題——天氣晴朗，我必須出門！」

「尚恩，拜託一下，誰會做這種蠢事？」

「不然會有罪惡感！」

「誰會因此覺得有罪惡感？」

「德國人啊！」

「真的？世界大戰都已經是多少年前的事了！不過，話說回來，要是真的這樣的話，那就寫吧！」

事實就是如此。太陽出來時，德國人要不是往外跑，不然就是

帶著罪惡感留在室內。我在這趟旅程中發現，幾乎所有德國人只要天氣放晴就必須往外跑，有別於膀胱無力的問題，這問題尚沒有藥醫。鮑伯説的沒錯——可憐的德國人。

隨時準備出門的生活就像是待命的急診科醫生一樣

　　一種是不論天氣如何都不會影響自己打定主意要做的事情，另一種則是陽光一出現就要像特技演員一樣衝出門的可憐蟲，各位覺得哪一種人的生活比較沒有壓力，而且狀態比較好呢？怎麼想都會選擇不受天氣影響的人吧。

　　任何知名的心理學者都會支持我的想法——任何因為天氣放晴就不管三七二十一要放下手中工作的人，這種生活並沒有比值班的急診室醫生好到哪裡去。這些人得隨時待命，只要有任何風吹草動，他們就不得安寧。各位究竟是自主自決的人呢？還是隨時待命型的急診醫師呢？不是急診醫師那種人嗎？那太好了，因為這樣就可以隨心所欲了！

出太陽就出門有害公共安全

　　各位德國的宗親們，我感覺大家會因為突然出現的好天氣而陷入恐慌。沒錯，你們那裡確實不像我們這裡時常陽光普照，但是真的也沒必要因此覺得待在家裡會有罪惡感。

　　請各位想想，假如大家都被太陽牽著鼻子走，那會是什麼樣的情形啊！發電廠、機場塔台、證券交易所、外科醫師與警察，要是這些人在出太陽時全都放下工作往外跑，那就沒有電了，而飛機也會因此在空中相撞、證券交易所被闖空門、手術病患被擱置在手術台上，然後警察值勤表大亂——因為大家都跑出去了。一時之間全國陷入非常時期，說不定軍方都要動員才行！民亂啊！大家想要看到這樣的情況嗎？

急忙外出是一種集體強迫症

　　「週末天氣這麼棒，你們去哪玩了啊？」這是每個德國辦公室在星期一的固定話題，答案不外乎就是「烤肉」、「游泳」或「出門踏青」這些選項。假如有人反其道而行，那就會像是病態又畏光的樹林怪獸一樣，喪失自己在社交圈裡的地位。

　　至少我的情形是這樣的——我告訴德國人自己在 28 度的天氣待在家裡看電影，因為德國唯一讓我感興趣的事情就是珊卓・布拉克的德語配音了。就算晴空萬里也一樣！沒錯，加州人會在晴空萬里時留在家裡看電影，而我也在造訪德國期間發展出一套理論。

德國的夏天是一種行銷伎倆

　　面對現實吧——德國位處北歐並且是全世界降雨最頻繁的國

家之一，只是德國人不願意公開接受這個真相罷了。比起加州，德國有更多的開放式啤酒屋、露天游泳池以及敞篷車，而居住在美國最冷一州的民眾還比較實際一些。我們就以日照最少的地方為例好了——也就是西雅圖，然後看看這個城市的最佳代言人——吵鬧不休的超脫樂團（Nirvana）。他們有一首歌叫做《我恨我自己，好想死》（I hate myself and I want to die）如果這不是當地天氣的現實寫照，那我還真的不知道要怎麼解釋才好。

　　相反的，德國人每年都會期望來年的夏天會更好。這就是所謂的行銷伎倆！就是那些企業剝削消費者的伎倆！

　　我在英國花園遇到一位年輕的女士，她在驟雨中表示她今年只去湖邊曬過一次太陽，新買的比基尼就這樣出場一次而已，另一位頭髮灰白的先生則是抱怨自己的敞篷車目前一直沒有機會打開車頂。目前？他顯然也是這行銷伎倆的受害者。

　　他車頂的冰可能都還沒有化吧！但是他與其他德國人都很清楚來年的夏天要怎麼過——就是要購買夏季產業的夏季產品！新的烤肉設備、通風的洋裝與時髦的戶外座椅，冰涼的綜合飲料並穿著彩色的夾腳拖鞋品嘗各種口味的冰淇淋！盡情享受夏天吧！這是來自產業的呼喚。什麼？根本沒有夏天？沒差！至少把架上的東西都掃空，不要去想這些東西其實只有幾天派得上用場！

　　這同時也是一種惡性循環——當人們買了越多「夏季產品」之後，他們就越覺得只要出太陽就非得要出門才行。不然買這些東西是要幹嘛？夏季產業正是這場偉大夏季騙局的唯一受益者。該怎麼

辦才好呢？很簡單——像超脫樂團一樣務實就可以了！在德國買一輛敞篷車就等於在加州設置雨水供應的廁所一樣——爛透了。

出太陽就必須出門是種悲觀主義

很多人並沒有注意到——那些出太陽就要出門的人基本上就是悲觀的人，畢竟他們認為出太陽這種事就像鬼現身一樣，稍縱即逝。陽光下的喜悅並不是他們外出的動力，而是面對曇花一現的恐懼。簡而言之，恐懼誤事！正當有自信的人不論晴雨並按部就班地生活時，這些害怕陽光會消失的可憐蟲正焦慮地黏在躺椅上發抖，一秒一秒地數著，直到下一朵烏雲遮去太陽。至於想當哪一種人呢？選擇權就握在自己手裡。

無論到哪——其他人早已捷足先登！

假如有人還在遲疑，自己是否真的不要在晴天出門的話，那也別忘了，這種強迫性的陽光追逐是一種流行現象，而且其他人或許早就已經出門了。也就是說，除了有趣的事情之外，晴空下早就人滿為患，或是任何事情都要花比平常多三倍的時間才能完成，更別說是那些飛來飛去的昆蟲與可惡的花粉了。然而，我應該不需要在這裡說服那些有過敏的人吧？

出太陽時留在家裡反而更健康！

曬太多太陽反而不健康，這點大家都很清楚。我上星期才收到多特醫生的郵件——內容是要價 249 美金的預防皮膚癌廣告。曬太陽不僅不會讓人感到快樂，而且還會讓人生病。我上次問他，如果沒有擦防曬乳的話，一般人可以在太陽下待多久？他回答，「尚恩，十分鐘，最多十分鐘！而且最好要戴帽子！」十分鐘！？太不可思議了，仔細想想，我不擦防曬乳又不戴帽子就可以在莫利酒吧坐上六個小時，而且一點皮膚癌的風險也沒有。

我曾經在知名雜誌中讀到，上午十一點到下午三點之間應該要完全避免曝曬在太陽下，因為這樣就可以避免 75% 的有害輻射。我想各位都很清楚，要去哪裡可以避免 100% 的有害輻射吧？沒錯，就是昏暗的酒吧！不管身處哪個緯度，假如大家選擇在餐館裡吃午餐並喝杯啤酒，而不是跑到露天游泳池展開自己的皮膚癌事業，我想所有家庭醫生都會為此公開表示讚許。

最棒的當然就是我們不僅可以活得更久，而且可以省錢又享受快樂。我計算過——一瓶德國防曬乳的費用最多可以換到十瓶啤酒！

出太陽時，加州人會躲進室內！

別讓其他同胞擾亂心緒，請相信那些最了解太陽的人——請相

信加州人吧！事實上，多數會在晴天出門的加州人都是為了要走進另一個室內空間。

家裡，車裡，購物中心裡。

辦公室裡，車裡，超市裡。

超市裡，車裡，餐廳裡。

我該怎麼說呢——大家都處之泰然。

我在德國停留的期間，天氣反而相當好。假如我當時都跑到戶外的話，那我就沒有機會參觀任何建築物了——教堂、釀酒廠與購物中心。特別是購物中心讓我有些失望，我本來以為德國的購物中心會非常古色古香才是。

德國人也可以像加州人一樣，天氣好時一樣可以享受待在室內的樂趣。明亮舒適的房間，鳥兒在陽台悅耳地鳴唱著，隨時可以上廁所又不會曬傷。完全不用因為成千上萬的人罹患戶外強迫症而選擇隨波逐流。

下次天氣放晴的時候，就按照本來的計畫行事——看電視影集或醃肉排。假如非得在德國夏季採買些什麼時，那就買那些自己一年四季都會買的東西——像是一整箱紅酒或有牢固車頂的德國休旅車。

☆ 尚恩語錄回顧！☆

- 出太陽就要出門，這不是好主意，而是強迫症。
- 德國的夏季是一種行銷伎倆。
- 買了越多夏季商品就越會覺得出太陽時一定要外出。
- 一瓶防曬乳最多可以換到十瓶啤酒。
- 我的曾祖母是核能受害者！

請在此簽名——

本人，＿＿＿＿＿＿＿＿＿＿＿＿，出太陽時也沒必要出門！

我必須閱讀使用規定！

誰鳥你！
為什麼讀了使用規定之後就會崩潰
並陷入極度悲傷之中？

「切莫追尋不自量力的旅程，
畢竟眼前所見的事物已經超出負荷了。」
——舊約聖經的某一段。

哪個笨蛋會閱讀使用規定？況且真要閱讀使用規定的話，那每年要花掉三百小時的閱讀時間。如果閱讀使用規定是工作的話，那一年就要花掉兩個月來完成這件事。此外，還有軟體授權合約、服務條款與資料保護協定，真要讀完這些東西的話，那什麼事情都不用做了，因為我們就像是不支薪的全職「條款與協定閱讀者」，別忘了那些傷眼的微小字體，壓力性耳鳴，因為這些內容就算全部讀過了也一無所獲。最糟糕的是——因為這份讓人焦慮又不支薪的全

職工作，再加上健康損害的情形，我們根本沒有辦法使用這些良好商品的功能了——就是因為我們讀了使用規定！

「嗨，漢克，來打一場遊戲怎麼樣？」

「現在不行，我還在閱讀果昔機的保固合約……」

「好吧。還有，我在 Instagram 上面怎麼找不到你？」

「對啊，因為我還沒有讀完隱私權協定。」

「然後，你的手機打不通。」

「喔，那是因為我對於使用規定還有意見的關係。」

我說笨蛋才會閱讀使用規定並不是純屬個人推測而已，而是證實過的事情！

第一個閱讀使用規定的人，有賞一千美金！

PC Pitstop 軟體公司就真的拿這件事情開玩笑。該公司在使用規定中偷偷加入一項條款，也就是第一個讀完使用規定並透過電子郵件報備的人就可以得到一千美金。各位猜猜，該公司什麼時候收到第一封郵件的呢？四個月後——而該軟體已被三千人次下載！

英國遊戲網站 gamestation.co.uk 就在使用規定中暗藏著幾行蠢話——

凡是在本網站購買商品者，視同將靈魂從此交付給本公司。

各位會覺得，怎麼會有人這麼惡劣嗎？好了，結果短短幾小時內就有七千名客戶閱讀使用說明，並且同意將靈魂交付給該公司。

唯一值得慶幸的是，那只是愚人節的惡作劇。

「尚恩，如果根本沒有人會閱讀使用規定的話，那根本就沒有道理呼籲大家沒必要閱讀使用規定啊？」

這當然有道理，因為我說的並不是閱讀本身，而是不閱讀使用規定而產生的罪惡感。根本完全沒必要有這種負面情緒！

「所以我們應該要閱讀使用規定囉？」

不用！拜託！因為閱讀使用規定只會讓我們心情變差，而且大家相信我，我知道自己在說什麼，因為我就讀過一次使用規定。

「然後呢？」

然後我就把 iPad 丟進我家的水塔裡了。

「有這麼嚴重？」

沒錯，就是這麼嚴重，就從我點下的那一刻起。螢幕上都是那些狗屁東西，完全是我一點也不想知道又無力改變的事情。

「好啦，但是也不用完全接受啊！」

哈哈，不用嗎？那你就打電話去臉書並告訴他們，使用規定中第 9.13.2 項應該配合你的特殊情況稍作調整，因為你對於美國針對影片授權的法令有其他的看法。什麼？臉書沒有聯絡電話？是吧，我也是這樣想。

不知道的事情，就不會熱切地想知道

發現一家很棒的新餐廳時，我們會在造訪前先讀過所有的評價

嗎？去墨西哥度假前，我們會先調查當地的犯罪率嗎？各位在發動汽車引擎前，難道會先打電話給製造商嗎？

「哈囉，我是尚恩‧布魯梅爾。我現在打算開我那輛福特F100出門，準備幫我家那隻獨腳鳥買啤酒喝，我想知道你們現在有任何召回這款車的消息嗎？電子設備問題？安全氣囊問題？iPhone連結問題呢？」

「布魯梅爾先生，我們需要那輛車的製造年份。」

「1948年！」

「布魯梅爾先生，目前沒有召回的打算喔。」

大家懂我的意思嗎？如果什麼事情都想知道，那就根本沒有機會造訪新餐廳或去海邊度假，連上臉書都不可能了。無論大家相不相信——我第一次和凱倫約會時，我完全沒有提出任何有關犯罪前科、藥物成癮或是生育規畫的問題，這些我都不想知道，因為我只想要跟凱倫約會。

這同樣也是我們不需要閱讀使用規定的原因——當我們心中期待或想要什麼事情時，自然就不想事先讀到任何相關的負面消息。我的約會對象曾經坐過牢、一星期只洗一次澡，而且還有八個小孩？如果真的碰到這種事情的話，那我就會從餐廳廁所的窗戶逃跑，然後在餐廳的停車場大吐一場。

為什麼蘋果公司禁止大家使用低俗用語

如果小孩的話題已經讓各位覺得憂心了，那千萬不要閱讀蘋果公司 iCloud 的使用規定。其實我已經幫大家讀過了，沒錯，我那天晚上真的無聊透頂。凱倫跟同事出門了、偉恩正在勒戒，然後剛好網飛的電影我都看完了。我端著一杯香醇的卡本內蘇維濃紅酒（Cabernet Sauvignon），微微的燭光下偏偏只有 iCloud 的使用說明擱在手邊。起初我也有些猶豫，因為太多人說那些東西既無趣又複雜——事實完全不是這樣！

那本使用規定真的是——現在我必須這麼形容——傑出的作品，不過讀了幾行我就被深深地吸引。舉例來說，大家知道 iCloud 使用者禁止在郵件中使用低俗的用語嗎？很不可思議吧？任何 iCloud 的使用者都不可以這樣寫信給我，「尚恩你這王八蛋，你前面那篇天氣晴朗就要出去走走是在寫什麼東西，那根本就是扭曲事實！」也就是說，大家還是可以這樣寫信給我，但是蘋果公司有權因此刪除這樣的帳號，包含地址、行事曆與暢銷手稿——就是大家痴痴地儲存在 iCloud 上的作品，然後蘋果設備上的音樂也會被一掃而空。這也就是說——一失言成千古恨。

我當時想這也太誇張了吧，接著又倒了一杯紅酒，然後心情久久無法平復。蘋果公司用了一整頁的篇幅規定使用者在 iCloud 地盤裡的行為準則。無論書寫或是上傳的內容都不能挾帶任何惡意（舉例來說——你這雜碎，舔我的屁眼吧！），也不能刻意傷害特

定族群（你這吃草族，舔我的屁眼吧！）也不能惡意誹謗他人（威爾‧史密斯舔過我的屁眼）或中傷他人（舔大衛‧赫索霍夫的屁眼）。

　　iCloud 禁止項目中最嚴格的就是你不可以向不認識的未成年使用者索取其所支持的運動俱樂部照片。這不是在開玩笑，真的就有這一條規定。好啦，我其實也沒有那麼笨，因為我過一會兒就知道這條規定的用意何在，只是他們應該禁止的是不知名運動俱樂部中的未成年照片才對，不是嗎？

就此淹了我的 iPad

　　除了孩子以外，蘋果公司也是保衛我們偉大國家安全的典範。舉例來說，蘋果公司可以透過 iCloud 禁止非法活動的進行。然而，問題是在美國做什麼幾乎都是違法的，像是如果有人在亞利桑那州砍了一顆仙人掌，結果可能會換來二十五年的牢獄之災。至於我居住的加州，只有合法取得捕獵授權的人才可以設置捕鼠器，就連在游泳池內騎單車都是違法的，我猜是因為在水底也沒有人會聽到車鈴聲響了。這不是在空口說白話，類似的違法行為也可以在 iCloud 的網頁上看到。

　　假如仙人掌與車鈴已經讓各位覺得非比尋常了，那我只好告訴大家，還有更妙的。點一下 iCloud 的使用規定就會知道，使用者不得將 iCloud 用於發展、規劃與製作火箭、核能、化學或生物武

器。真的有這條規定。沒錯，太不可思議了，我也是花了幾分鐘才搞懂那是什麼意思──不可以在 iTunes 上製造核子飛彈！

我氣到直接將 iPad 關機並一口乾掉手邊的紅酒。我並不是打算要製造核子飛彈，請大家不要誤會，但是我在這個點上真的無法承認自己是美國人──我覺得自己受到威脅，內心極度想要製造那天殺的核子飛彈，而且一定要在 iTunes 上製作！

現在一切都過去了──我讀完使用規定，內心覺得糟透了。我驗證了自己的寶貴理論，心中覺得又氣又無助。我既不想要使用 iPad，也不想要使用 seanbrummel@icloud.com 這個郵件地址了，正因為我已經清楚知道那些糟糕的事了。

接著我儲存地址與聯絡人檔案、所有照片與最愛的電影《冰雪奇緣》，徹底刪除《獨腳也能立地──獨腳賴瑞的奇幻旅程》的所有手稿並登出雲端伺服器，然後將 iPad 丟進水塔裡並在 X-Box 上註冊新的帳戶。各位讀者如果想寫信給我的話── someone@example.com。當我在微軟點下已閱讀並同意使用規定時，我心中已經了然──

我們不只是沒必要閱讀使用規定，

而是不可以閱讀使用規定！

不可以，因為使用規定本身就像是一面牆，拒絕將我們推向

那些可以豐富生活的東西——臉書、民宿網（Airbnb）、租車公司（Sixt）、信用卡（MasterCard）、蘋果音樂、交友軟體（Tinder）與網飛。喔，我剛寫的是 Tinder 嗎？我當然是在說推特（Twitter）了。假如讀了使用規定，那麼樂趣就會蕩然無存，我們就必須徒步走進骯髒的旅館過夜，現金付費並且不能隨時觀看《冰雪奇緣》！然後也不能在 iTunes 上建造核子火箭了。大家想要變成這樣嗎？

　　如果下次出現「是否已閱讀」這種問題時，不管三七二十一就點「同意」就對了。還有超過七千名英國人保有自己的靈魂，而各位手上還有這本書。因為……一開始的使用規定，大家已經讀過了，對吧？

☆ **尚恩語錄回顧！** ☆

- ☑ 假如我們真的要讀完所有的使用規定的話，那就等於是一份不支薪的全職工作了。
- ☑ 假如想要繼續光顧蘋果公司的話——那就不要向不認識的未成年人索取他們支持的運動俱樂部照片。
- ☑ 假如各位知道那些糟糕的事情後，那肯定就不會想再使用那些產品或服務了。
- ☑ 假如各位到加州拜訪我的話，老天保佑各位絕對不要拿出捕鼠器！

在大家繼續閱讀本書之前，請高抬貴手在下方簽名，表示您同意本章節的內容並且不會對我提告，謝謝。

本人，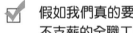，沒必要閱讀使用規定（除了本書之外）！

Gesellschaft

社
會
.

為何政治正確會挑撥種族？

生態能源是在烤小鳥？

而各位就算錯過一切也不用擔心？

　　其他人這麼熱切的關懷我們不是很好嗎？戒菸、購買油電混合車或是在屋頂架設太陽能電板都會讓我們獲得讚賞，不是嗎？少吃肉、多簽署請願書並在選舉時選出比較不爛的政黨（而不是投廢票），這樣就會有人來拍拍我們的肩膀，不是嗎？（最不爛的政黨叫做 AWSP，正是我與偉恩打算創建的政黨。）

　　是的，有人關心我們的福祉真的很棒。可惜的是，我們只有在做出正確選擇時才會獲得社會的掌聲。這裡說的當然就是多數的正確。假如我們今天在這個前提下在明顯不被允許的場所抽菸（諸如聖塔莫尼卡的大街小巷），那些吸著果昔並在家中安裝太陽能板的人就會對我們比中指。

　　如果成功戒菸後買一輛福特野馬（Mustang）來獎勵自己，那麼那些環保正確的人又會因此挑起眉毛。我覺得這樣相當不公平，因為這多少也與駕車的頻繁程度有關，因為特斯拉的能源也可能來自一間褐媒發電廠。當各位以極清新的環保形象與良知在私立學校接孩子下課的時候，幾百里外的人們可能正開始覺得胸口莫名地疼痛。

　　「但是，尚恩，解決之道很清楚啊──就是太陽能！」

　　好像我不知道一樣！太陽能似乎一直都是個好主意，不管那些面板是在中國哪座毒工廠製造的，也不管廢料是在哪裡處理的。

　　「太好了，尚恩！現在就改用太陽能！」

　　「不要，那都是為了取得資金的仿造品罷了！」

　　我有時候也會問自己，我們究竟還會不會因為這些正確的事情

而得到讚美，還是說我們已經潛移默化了？喔，大家知道我突然想到什麼事情嗎？我已經潛移默化了！我的父母這樣教我的！而且完全不一樣！我必須經常回想許多年前我在父親家的院子裡點燃一根香菸時，他當時有多高興。儘管他不抽菸，他還是笑著對我說，「尚恩，你還有辦法享受啊，了不起！」

　　我的父親不僅讓我享受那一支菸的樂趣，而且還為此感到高興，這件事情讓我終生難忘。那感受之深刻，讓我到現在還不敢對他說自己早就已經戒菸了。除此之外，因為我，尚恩·布魯梅爾，為了個人自由而奮戰的關係，長年來都會購買香菸並直接丟掉，目的就是要混淆統計數據的準確性。我很笨嗎？也許吧，但是我寧願多做一些傻事，也不要在如雷掌聲中失去我的自由。

言行舉止必須政治正確

誰鳥你。
根本沒有人有辦法辦到。

「該怎麼說話才能不傷害那些哭哭啼啼的懦夫。」
——鄉野字典（Urban Dictionary）中對「政治正確」的定義

每天晚上打開電視機，看到的不是內戰、水災，就是成千上百的飢餓人民，然後我就覺得自己應該要有所作為，所以就訂購了Sky 體育頻道。

「尚恩，你怎麼可以這樣寫！」

「為什麼不行？因為美國沒有 Sky 頻道嗎？」

「你這樣可以說是對那些最貧困的人相當不敬！」

「狗屁，鮑伯，我這是在諷刺那種視而不見的文化。」

「不要寫，拜託！」

「那我寫飛機的笑話好了。」

「好啦，那你寫好了。」

這是我與這位瘋狂編輯之間的日常對話。坦白說，現在仍然還有許多人相信，假如自己行為舉止符合政治正確的話，那就算是為自己也為他人幫了大忙；不然就是像鮑伯那樣強迫我的行為——我覺得這種想法很可悲。事實上，這些人都是過於偏執又毫無幽默感的白痴。原因是什麼呢？就是政治正確。

正如多數精神疾病都來自美國一樣，好比喬治·布希以及大衛·赫索霍夫，我真的為這兩位深表惋惜。不過，我還是要說一句——相對於喬治·布希的作為，政治正確的基本思想其實並沒有那麼糟。沒有人應該遭受莫名的屈辱，當然那時候的人也不可能知道——

總會有白癡遭受屈辱

最近才有個英國機構建議廢除「腦力激盪」（Brainstorming）這個用語，改用「思想沐浴」（Thought Shower）來取代。原因是什麼呢？為了不讓癲癇患者受到屈辱[20]。我沒開玩笑，事實就是這樣。我只能深表遺憾。

無獨有偶，同樣是在英國，求職中心才在不久前決定公司求才內容中不可以公開表明尋求「可靠又有能力的」員工。原因是什麼呢？因為那些不可靠又懶惰的人會覺得自己被區隔了。這也不是在

---

20 腦力激盪的原文「Brainstorm」對於癲癇患者而言有電擊腦部的意涵。

開玩笑，就是那麼扯。這些懶鬼還省得自己去抱怨這件事情。

另一個故事發生在我祖先的故鄉——德國。知名廉價超市 Aldi 因為一款印有清真寺圖樣的沐浴乳而接連遭受兩次輿論的抨擊；首先是回教徒認為製造商褻瀆他們的信仰，第二次則是在 Aldi 決定不推出這件商品的時候。最詭異的是這件沐浴乳醜聞最後真正推出時，貼紙上印的就不再是清真寺了，而是博物館。不，博物館的代表並沒有出面抗議，還沒有。我要說的是——這些事情根本沒有辦法面面俱到。各位要是覺得「……混帳王八蛋！」出面抗議的就會是些混帳王八蛋；各位若覺得「這從教育體系層面來說是有欠周延考量的」，然後那些考量周延的知識分子也會跳出來抗議。

那要怎麼辦才好？

好了，解決方式當然就是所有人類都要從那些太常被污辱的信仰、性別、家世與形象中獨立出來，然後大開這些議題的玩笑。啊，原來這大家都知道嗎？

我們怎麼稱呼駕駛超音速飛機的黑人呢？

就是飛行員啊，你們這些種族歧視分子！ [21]

被我逮到了吧？沒關係。這問題我試過上百遍了，答案不外乎就是「呃……」或「喔……」到「噓……！」

大家為什麼要思考這麼久呢？因為害怕說錯話嗎？差點就脫口而出了，對吧？說不定心裡真的就是有種族歧視的想法？沒有

---

21 這邊要表達的是，駕駛飛機的都叫飛行員，與膚色無關。

喔，不是我現在想的那樣，但是大家剛才真的猶豫太久了！

政治正確是幽默終結者

上面那則笑話就是個小小的例子，證明過度怯懦的想法對我們所造成的影響——我們幾乎就要喪失幽默感了！幾個月前我在臉書上開了個玩笑，我刊登了一個問題——撐傘的流浪漢還能叫做流浪漢嗎[22]？畢竟頭上是有傘遮著的，我因為這個問題飽受抨擊，然後失去了七個朋友。我心想，這到底是有完沒完啊！接著立刻刊登了開飛機的笑話，結果又少了三個朋友，這三個人都不是黑人飛行員。

假如大家想要爭取自由的話，那就繼續轉發這個笑話吧！但是不要像我鄰居喬那樣，把朋友惹毛：

「嘿，尚恩，你會怎麼稱呼駕駛超音速飛機的⋯⋯喔⋯⋯幹！」

「不要緊，喬，這笑話我本來就知道了，而且你是從我這邊聽到的。」

「真的？幹⋯⋯」

這個政治正確的笑話也非常適用於猶太人、穆斯林與女人，這些人的答案不外乎就是「你這反猶太份子！」、「你這反穆斯林分

---

22 德語的流浪漢（Obdachloser），字面意思就是頭頂上沒有遮蔽物的人。

子！」、「你這沙文豬！」

政治正確以殘障者為笑料

　　大家可能也都料到了，現在話題要破例地轉到我身上了，而且是關於我的障礙問題。若以政治正確而言，我並不是視力障礙，而是「視力受挑戰」。這根本就是屁話，一來是這聽起來太可笑了，二來是它完全輕忽了我這個問題的嚴重性——沒有隱形眼鏡，我幾乎是全盲。沒錯，全盲——就是瞎子摸象的瞎子，瞎子摸骨的瞎子——瞎子！所謂的全盲就是什麼都看不見，而「視力受挑戰」的意思是，在努力的情況下，我還是有辦法看見一些東西的。這貌似政治正確的說詞不僅低估了我的視覺障礙問題，也在暗示我不夠努力！

　　不過，各位不用同情我，我在這個議題上至少比侏儒與瘸子好多了。沒錯，沒錯，這兩種說詞已經沒有人用了，的確，現在的說詞比較不那麼傷害人，現在改叫「垂直發展備受障礙」或「身障人士」了，這樣其實也比較有道理。而「垂直發展備受障礙」的命運也像我一下開花結果了，現在的新詞是「生長激素缺乏症」，也就是說，這些缺乏生長激素的人要是再努力一點的話，也是有機會長高的。太可惡了！這些可憐的侏儒！

身障者一點障礙也沒有

身障人士在美國政治正確的文化下被稱作「不同能力的人」（differently abled）。這個用語動物也適用，因此我家養的並不是獨腳鳥，而是不同能力的鳥。問題是，賴瑞不同的能力是什麼？每天早上四點叫我起床嗎？這個問題沒有答案。

身為視障人士，我現在自然就會想——太好了，現在我不再是視障者了，而是有不同能力的人了！

直到我連三次撞上莫利酒吧門口的廣告看板時，我就知道——放屁，我明明就是視障者……！到底是誰會使用這些愚蠢的用字？我不會，獨腳賴瑞也不會，而身障人士也不會。如果碰到行動不便的人要上樓梯，我都會相當樂意幫忙。假如這些人現在成為「不同能力的人」了，那就要好好地發揮所長，自己爬上那幾階樓梯！

好了，我現在要暫時釐清一些事情，畢竟我剛才撒了個小謊。「垂直發展備受障礙」是我的玩笑話，我只是想要藉此呈現政治正確有多荒謬罷了。遺憾的是這只對「侏儒症」有用，對我卻一點用處也沒有。我仍然是「視力受挑戰」的人，而這樣的不同能力沒有辦法讓我分辨聖戰士或同性戀納粹侏儒所駕駛的飛機。

政治正確是種族歧視的溫床

最微妙的是，膚色至今仍是美國社會要處理的問題。正因為種

族歧視總是在語言上先反應出來，因此我的黑人朋友蒂妮・蒂娜（Tiny Tina）就不再是黑人了，而是「有色」或是「非裔」美國人。

　　幾乎沒有人說黑人這個字了，取而代之的是「非裔美國人」，代表的是來自非洲但是住在美國的有色人種。除此之外，因為我的有色人種朋友是位非白人的畫家，那我就自然就要問了──來自哪裡會很重要嗎？為什麼這個議題會突然變得這麼重要？如果陌生人問我來自哪裡時，我就會說，「你去吃屎吧！」

　　不過，我當然會告訴各位讀者了。我來自德國，我的曾祖母在1908年搬到美國，至今已經超過100年了。我自然就是個加州人，有視力障礙的白人──這樣的形容自然（或至少）不會出現在講究政治正確的場合中，不然我就會被稱作是有不同能力的無色德裔美國人。大家叫我尚恩就可以了。

政治正確混淆視聽

　　偏偏那些政治正確的懦弱思想也已經讓網路世界一團混亂。幾年前的網路世界有多單純，大家還記得嗎？上網登入又登出，就這樣。接著可以看電視、做愛或到院子除草，但之後像是微軟、臉書與政治正確的圈套出現了。假如各位用的是智慧型手機的話，那一定對最新的花招不陌生──某個來自加州的政治正確菁英小組兼網路糾察隊在一夜之間將表情符號上了色！我們本來可以輕鬆自在地選出快樂或生氣的表情，現在竟然還要先從六種膚色中開始選擇。

　　我覺得這件事情太混淆視聽了——我們不才剛同意,所有人都以家世與居住地作為區分嗎?膚色是怎麼回事?我們在這智慧型手機螢幕的世界中不一直都是黃色的嘛!我們都是來自春田市[23]或中國啊!完全不需要顧慮家世怎樣,笑的表情是黃色的,哭的表情也是黃色的,只有生氣的時候會變紅色。有人因此覺得受到侮辱了嗎?沒有!霸子‧辛普森也沒有吧?沒有?很好,那我的問題是——

蘋果公司為什麼又要重新區分種族?

　　我與黑人朋友蒂妮‧蒂娜之間已經傳了上百個黃色的表情符

23　春田市是美國動畫喜劇《辛普森家族》中的虛構城鎮。

號，而我們在手機世界中突然再也不是蒂妮與尚恩了，而是黑色與白色。我們突然必須要思考自己的家世，然後才可以傳送表情符號，我們要先問自己——我現在要按哪個膚色的表情符號呢？白色好像可以，但是我想要回應對方的膚色嗎？像以前一樣繼續用黃色的？還是因應對方改用黑色的？或是用白的，因為我是白人？還有，我的膚色算是哪一種白呢？我昨天有去曬太陽啊！要是選黑的會不會就跟蒂娜一樣了？我怎麼沒有想到這點。

如果蒂娜（黑人）跟我（白人）想要告訴我的女朋友（白人），我們正在莫利坐著等她呢？我們是要傳送一黑一白的表情符號呢？還是像以前一樣兩個黃色的？還是乾脆綜合我們兩個的膚色，傳送咖啡色的表情符號呢？如果經常要這樣的話，有沒有軟體可以處理呢？我還有一個問題，膚色這件事情既然都搞得這麼細了，那這些 iPhone 上的多文化表情符號傳送到三星智慧型手機上時，膚色看起來也是一樣的嗎？各位想像一下，如果我要在推特上傳一個中指符號給拳王小弗洛伊德‧梅威瑟（Flyod Mayweather）的話，我要告訴他，老子再也不會付三十美金看這種爛比賽了。這種時候的中指是黑或白就很重要了，不是嗎？

我又突然想到一件事，單一顏色的表情符號會是政治正確中的新謬誤。滑雪與慢跑選手的膚色有這麼多種，恩愛情侶卻只有白色的，這又代表著什麼呢？黑人家庭符號還是沒有出現，那我就更不要提那些不同膚色的情侶了。雪人也只有白色的，而我的鳥也只有灰的。獨腳賴瑞不是灰色的，而是淺咖啡色的，是要我講幾次！

那賴瑞不一樣的能力呢？凱倫與我花了一小時研究那些表情符號，最後確定賴瑞受到多重歧視──首先，沒有淺咖啡色�的符號；第二，沒有獨腳的淺咖啡色�。這樣相當政治不正確，太不像話了。我要告訴各位──我沒有辦法苟同，我要為我的鳥奮戰。這些人知不知道，我的來頭是什麼？我可不是什麼不知名的人士，我可是擁有不同能力的無色德裔美國人！

☆ 尚恩語錄回顧！☆

 總會有白癡遭受屈辱！

撇開信仰、性別、家世與形象——請公平的羞辱所有人。

政治正確將障礙低估為一種惰性，請不要說我是「視力受挑戰」的人，因為我再怎麼努力也沒有辦法改善視力。

 不管手機型號是什麼，請使用黃色的表情符號，不論對方是什麼膚色都一視同仁。

這究竟是什麼世界？連一隻獨腳的淺咖啡色鵪鶉都會受到歧視！

絕對不能錯過！

確定？好好把握還可以輕輕鬆鬆
錯過一切的今天！

「我已經看過人類登陸月球，所以我什麼也沒有錯過。」
——布萊恩・布魯梅爾，尚恩的父親

　　我最近與凱倫一起去聖塔莫尼卡參加了一場轟動的新書發表派對，但是我沒有刊登任何有趣的派對照片，而是去程的塞車路況，還有下大雷雨前的烏雲以及飯店浴缸裡那隻罕見的甲蟲。這麼做是為了不要讓那些朋友覺得我正在體驗什麼了不起的事情，但他們卻沒有。不然大家覺得，要是他們在臉書上看到眾星雲集的照片以及旅館窗外的太平洋時，心裡會作何感想呢？想想要在超市沙拉吧刷地板到晚上十點的偉恩？或是抱著一桶冰淇淋賴在臭沙發上看著影集並等著變質的胖子查理呢？或是獨自待在陽台鳥籠裡的賴瑞？

　　沒錯，他們心裡一定會不好受，因為他們肯定也會想參與。這就是我不喜歡刊登精彩照片的原因——我希望我的朋友都可以感到自在。

PSNSG 招式讓朋友們更好過

　　我的朋友們就像多數網路族群一樣飽受 FOMO 的折磨，也就是所謂的「害怕錯過（Fear of Missing Out）。」他們會覺得，身邊所有人都在做很有趣的事情，認識比較酷的朋友——每個人的生活都比我還要精采。好吧，我的生活確實比大家精彩啦，但是如果我還刻意因此對朋友炫耀「我有你沒有」的話呢？沒錯，太混蛋了！因此我才會用 PSNSG 這招來對付 FOMO！PNGSG？沒錯，請大聲說出來，心裡會覺得超爽的！PSNSG 是「Posting Something Not So Great」的縮寫，翻成中文也就是「只刊登不太有趣的事情」的意思。

該如何對抗 FOMO ——
《熱舞十七》與《機器戰警》當解藥

　　我們當然要顧及身邊人與自己感受，我有時候還會覺得自己非得要參與才行。各位知道，我接下來會做什麼嗎？我就會想到《熱

舞十七》（*Dirty Dancing*）這部電影。媽啊，真是一部大爛片！儘管以前的人都覺得自己一定要參與其他人的事情，但是真的沒必要，至少男人沒必要。《熱舞十七》這部電影當然也有好的地方，因為每當心中浮現「害怕錯過」的情緒時，我就會想起派翠克·史威茲（Patrick Swayze）從水中升起的搞笑畫面，然後繼續心安理得地待在家裡。

喔，身為女性，妳覺得《熱舞十七》超棒的嗎？很抱歉，那我還有別的辦法，就像凱倫一樣就好了——心中浮現「害怕錯過」的情緒時，就立刻回想無敵大爛片《機器戰警》（*Robocop*）的畫面，那是她以前非得要跟前男友去看的電影。同理可證——只要心中出現害怕錯過的感受時，就立刻回想過去那些糟糕到不行的經驗，特別是那些自己覺得一定要介入，結果卻後悔不已的經驗。

FOMO 並非新鮮事

覺得自己非要參與其中的感受其實並不是什麼新鮮事，只是過去不像今那樣頻繁就是了。我們回想一下過去好了，石器時代的人可能一年才會問自己一次，要不要像摩登原始人那樣邀約偉恩去參加「手斧變遷巡迴特展」或是一起去打獵。

數年之後，時間到了 80 年代，我們每週可能要擔心好幾回，害怕自己是不是錯過了什麼事情，像是朋友繼續留在迪斯可不回家或是兩場派對的時間撞期，而自己又必須要決定參加哪個比較好。

90 年代之後，我們幾乎每天都活在害怕錯過之中，然後就會自信滿滿地買第一支手機並發了瘋似地撥電話給身邊的親朋好友：

「嘿，偉恩，你在幹嘛？」

「哎，閒著沒事啊，你咧？」

「也一樣閒著沒事。」

「那就好，這樣我就放心了。」

「我也是！那再聊囉。」

「再聊……要是有事的話，記得打電話給我。」

「一定！」

現在呢？我們可以掌握他人的所有近況嗎？並沒有。這要歸功於臉書、Instagram 與推特這些像病毒一樣散播壓力的機制，我們不停地在錯過所有事情！至少有 56% 的社群媒體受害者這麼以為，然而事情並非如此。實際上我們錯過的事情就像石器時代一樣多──什麼屁也沒有！反正就是有人不停地在說自己正在做什麼，然後讓其他人看起來好像很蠢一樣。因此，就算錯過一切也可以心安理得是有原因的！原因就是──

一次只能完成一件事情

正當各位讀到這一頁的時候，至少錯過了一堆與朋友見面的機會、112 場音樂會、283 個電視節目、澳洲的日出以及與 78 位夢中情人做愛的機會，其中沒有一位是自己認識的。想想真的很悲

哀，但是沒有辦法，因為我們一次只能完成一件事情。像是閱讀與做愛就沒有辦法一起來，我和凱倫就立刻試了兩次——第一次的結果是我必須要重讀整個章節，第二次的結果則是我得要再上她一次。

分身乏術

假設各位今天有機會第一次去紐約，但是只有三天的時間，那麼各位 99% 會錯過這座城市能夠在三天內呈現在我們眼前的所有事情，因為我們沒有辦法有多個分身參觀這個城市的各個角落。

「哈！那我待久一點就好啦！」

想都別想，就算那些很厲害的紐約客也沒有辦法同時出現在好幾個地方。就是因為那裡是紐約。就算你付了一千美金請了一位私人導遊帶你去紐約最著名的景點與餐廳——你還是會錯過這個城市 99% 的風景名勝。真正的 FOMO 專家就會問自己——我真的請了這座城市最好的導遊了嗎？

真的什麼都不想錯過嗎？

正當各位在讀這一頁時，最好的朋友可能正在上泰式料理課程、第二要好的朋友正脫光光在火人祭（Burning Man Festival）[24] 熱舞，而第三要好的朋友傳了一張在羅馬搭火車自助旅行的照片

給你。或多或少都有些令人羨慕，但是老實說──心裡是真的想要參與嗎？不是瞥一眼就好，也不是看看照片或短片就好，而是全程參與？

各位現在真的想要放下手中的手機、書本或電子書，然後在高溫五十度的廚房烤魚嗎？大家是真的想要脫光光站在內華達的沙漠裡，然後聽著法國 DJ 大衛·庫塔（David Guetta）的迷幻音樂嗎？真的想要放棄家中舒服的躺椅並跳上義大利人擠人的平快車嗎？不想？沒必要參與嗎？很好！所以我才要問大家這個問題，要是身邊有朋友拿這種精彩事情來煩你的話──先問問自己：我現在真的想要參與其中嗎？我向各位打包票── 99% 的情況下，答案都是否定的。

關於 FOMO 的控制問題也相當有益──

真的是這樣嗎？

畫面中就是要出現一瓶昂貴的紅酒，而那艘雪白色的船接著就會出現在旁邊。度假照片當然是要等放鬆夠了，而且皮膚曬成小麥色時才會刊登出來，所以通常第一週不會刊登這種照片。照片的主角站在奢華的水上度假屋旁，自然沒有人可以證實他／她其實只住

---

24 每年於美國內華達黑石沙漠舉辦的祭典，這個活動主要是藉由焚燒巨大人形木頭肖像，以呈現激進的藝術形式。過程中會有許多人飲酒作樂、吸食迷幻藥和大麻徹夜狂歡。

得起普通的經濟小屋而已。事情就是這樣——當別人讓自己覺得錯過什麼精彩片刻的同時，那就先問問自己，真的是這樣嗎？還有自己真的有必要跟這樣的人來往嗎？

刊登這種精彩片刻的人，其用意往往都是自己也嚮往照片中的情境，而下方的留言多半都是，「哇！」「嫉妒死了！」或是「好好玩啊！」我就不會這樣回覆，基本上我對這些精彩片刻都不會有好的回應。最近安德森一家人刊登一張在商務艙笑著喝香檳的照片，我的留言則是——

「別生氣！我有次也被從頭等艙降等去搭商務艙！」

偷偷告訴各位，修理這些愛現鬼真的超爽的！

☆ 尚恩語錄回顧！☆

- 別讓朋友不好受──不要刊登太精彩的內容。
- 閱讀跟上床無法同時進行！
- 千萬不要正面回覆他人的精彩實況。
- 儘管擁有用不完的時間──依然會錯過一切。
- 《熱舞十七》中男主角從水中升起的畫片有夠搞笑！

好了，懇請各位高抬貴手在下方簽名──錯過了真的很可惜。

本人，＿＿＿＿＿＿＿＿＿＿＿＿，沒必要事事參與其中。

事事必須講求環保

誰鳥你！
什麼都別管才能為自己與環境幫上忙？

> 「叮──叮！噠嘶──噠嘶──噠嘶嘶嘶嘶──」
> ──獨腳賴瑞對於太陽能板的獨白

　　打從我出生不到二十四小時之內，我就成了氣候災害的共犯之一了。我犯了什麼錯？因為我放了個屁。

　　其實打從我出生之前就已經要對環境污染負責了，畢竟我的母親買了尿片、塑膠製的奶嘴與其他各式各樣沒用的嬰兒用品，地點還是那造成氣候災害的購物中心，而且她還是開著我爸那輛超大的道奇（Dodge）去的。年幼的尚恩既沒有跟著去，也沒有機會思考，縱使如此也一樣要承擔起危害地球的共同責任。年幼的尚恩對此自然一無所知，因此他也只能隨波逐流，大家做什麼就跟著做──刷牙的時候水龍頭也不關上、購買中國製造的滑板，然後每次與偉恩

與查理去冷飲店時，嬰兒房的冷氣還在持續地轟轟作響。

年幼的尚恩當年有沒有因此覺得內疚呢？當然沒有，當年根本沒有人會因此感到內疚。一直到第一位環境永續的使徒穿著彩色的長袍出現，並勸阻世人不該再這樣生活下去了。那些人當時因為嗑太多藥，音樂又放太大聲，因此一開始大家聽不懂他在說什麼，然後也沒有將他的話當一回事。後來這些人戒掉大麻並從政，他們再也不聽音樂了，成天就在說漢堡、滑板與冷氣機有多糟糕。我們突然再也不是孩子了，而是虐待動物、剝削與環境汙染的兇手。我們因此良心不安並著手改變，然後呢？

我們現在購買當地材料製作的有機漢堡、離開房間時就關上燈，然後刷牙時會記得轉上水龍頭。儘管如此，心裡仍然覺得愧疚，因為有機漢堡的外包裝，因為省電燈泡暗藏水銀，特別是牙膏中還加入了這麼多有害物質——氟化物（Fluoride）、三氯沙（Triclosan）與對羥基苯甲酸（Parabene）。我們是不是應該改用泡打粉或海鹽製作的產品來刷牙呢？謹慎地換掉省電燈泡，改用 LED 燈泡？然後直接去牧場抓牛來咬一口是不是比較環保？拜託！那些牛也太可憐了。

> 越是想要永續經營，就會帶來更多損害。

問題就在於我們根本辦不到。冰箱維持在攝氏三度到七度間，裡面的東西都會開始腐敗，結果就是要重新買過所有東西。我們決

定改用環保能源，那就是鼓勵興建風力發電機與太陽能發電廠。沒錯，風力發電機正是集體屠殺蝙蝠的兇手，因為牠們會以為風力發電機是樹木。這些發電機都能夠以柴油發電，所以要是我們太省電的話，這些機器也不會因此生鏽。太陽能發電呢？抱歉，這可是大型烤鳥架。是啊，大家可能都忘了這些集合燈光的溫度比肯德基的烤肉架還高上許多，現在中加州地區每年都會有 28000 隻從天而降的烤小鳥，就像烤雞翅一樣，唯一的差別就是沒有全家分享餐或烤肉醬了！賴瑞，很抱歉啊，我不是故意要嚇你，但是外面的世界就是這麼現實。

如果各位現在想要上網查證，我說的話是否屬實，那我來告訴你吧——最好相信我說的話。各位每搜尋一次，實際上就會讓另一隻無辜的小鳥上烤架——首先是因為此時谷歌正在大力投資這些大型烤鳥架，再者就是每次搜尋就會排放出七公克的二氧化碳！

環保災難禍患無窮

大家可能覺得我說這些話太不負責任了，而且不想要這樣放過我嗎？好吧，各位要這麼想也可以，但是請別忘了大家在爆量搜尋時所造成的二氧化碳高排放量！當眾多電腦、論壇與伺服器運作的同時，其所消耗的能源絕對非同小可。偉恩與我最近計算過，這樣爆量搜尋所耗費的能源足以供應巴索羅布列斯這種規模的小城市一星期的用電量。這樣的爆量風暴在席捲過後還是會持續消耗無謂

的能源，因為就會有人必須要撤下這些討論。

大家真的想要花錢買心安嗎？

現在回頭看看我們為永續環境所做的那些窮酸又馬虎的嘗試，目的就是要對得起這個世界。我想各位讀者最好也買 Kindle 電子版來讀好了，這樣才不會浪費資源。這樣才是好榜樣，而且比紙本好，至少一般人是這麼認為的。喔……這樣啊。Kindle 電子書是誰做的？小小提示一下好了──不是亞馬遜的老闆，因為他根本不喜歡有毒的熱氣。我倒是無所謂，因為我只閱讀紙本書籍，既不會耗電，也可以出借，而且就算內容不合我意，我也可以直接丟進森林裡，這樣就可以回歸大自然。換作是 Kindle 閱讀器的話，我是要丟去哪裡呢？丟到亞馬遜老闆的臉上嗎？一來這樣不太禮貌，二來則是要搭飛機去西雅圖做這件事情不太環保，就算我支付環保補償費用也一樣。

各位曾經支付過機票的環保補償費用嗎？就是為了罪惡感付錢，結果還是擺脫不了良心不安的感受？沒有嗎？很好！

這些事情其實就像是──我們為了坐一趟飛機而多付出費用，目的就是想讓自己在保護環境議題上心安理得，這個道理就像是在湖裡大便，最後騎單車逃跑而不是開車逃跑一樣。即使我們選擇一年不開車好了──大便還是在湖裡啊！如果真的想要為環保盡點心力，那就不要在湖裡大便。

「尚恩，你這樣都是為了想要省的自己麻煩罷了。其實我們只要改變一些事情就可以在環保上大有所為！」

我不想要改變啊，我就是要照自己的意思來保護環境。

「喔，這樣嗎？那你是要怎樣保護環境？」

比如說，我根本不運動，這樣其實對環保有非常大的幫助，因為一旦我用力運動，我就會吸進更多空氣，接著又要用熱水沖澡，而那些髒衣服又得用含有化學成分的洗衣精清洗才行。有時候一動也不動反而就是在為永續環境盡心盡力！就拿上星期四來說好了，我在莫利酒吧喝了好多當地產銷的啤酒，因此我必須把車停在路邊，自己走路回家。回到家時我真的累掛了，完全不用再喝水，也不用開燈！

每當我身心疲憊時，我就會開始安排很多旅行計畫，但是因為根本沒有付諸行動，所以我也不會製造任何二氧化碳排放量。就算我坐在飛機裡好了——是不是跟空姐多要點紅酒，班機真的就會提早抵達呢？我從洛杉磯搭飛機去德國的時候，飛機才剛飛過內華達沙漠，我就已經累到不省人事了。這得要歸功於紅酒，好讓我提早八小時抵達，這可省下了一千多公斤的二氧化碳排放量啊！

「酷！尚恩，你真的可以為此感到光榮。然而，針對為環境貢獻這件事情，還真的是有些訣竅的。」

我知道，但是該怎麼說呢——這些事情我都試過了，但是真的完全一點用也沒有。各位知道嗎？我讓大家看一下耐性蘇西上星期寄給我的訣竅好了。急躁漢克的太太蘇西是絕對環保正確分子，她

對此很清楚地提出解說。

嗨，尚恩，

太好了，你終於肯負起責任了！我整理了一些能為永續環境付出的作為給你，儘管並不完全，不過對你來說至少是個好的開始。

有機擁抱，
蘇西

親愛的尚恩，以下是為你設計的項目：

思考一下自己眼前的食物！產地是在遠方嗎？

食材並非當地產銷的嗎？喔，我不知道耶，我都是在沃爾瑪買的，離我家大概三英哩路程。我真的不知道這問題的用意何在。怎樣會比較好呢？食材產地要近好？還是要遠好？那我是要去哪裡吃飯呢？以前我媽每天都會對我大喊，「尚恩，吃飯了！」，難道現在這樣就錯了嗎？還是說那些食物應該要送到我面前才行呢？就拿阿根廷的牛排作為例子好了，產地真的很遠，大概是與其他牛排一起搭船來的吧！這樣不好嗎？如果不好的話，那替代方案是什麼呢？是我要去阿根廷吃牛排嗎？所以要飛去布宜諾斯艾利斯嗎？我在網路上查了這一趟飛行會導致的後果，結果如下——

阿根廷肋眼牛排 （巴索羅布列斯）	產生 3 公斤的二氧化碳
阿根廷肋眼牛排 （布宜諾斯艾利斯）	產生 10003 公斤的二氧化碳

好的，結果證實最好是食物送上門比較好。將來要是有人告訴你享用這美味牛排對環境有害時，那你就告訴對方，你為了這一客牛排省去了一趟無意義的旅程，不只避免產生十公噸的二氧化碳，甚至省下了 250 美元的環境補償費用。蘇西的清單上還有——

不要使用烘乾機！最好將衣服晾乾！

這我也試過了，但是賴瑞會在衣服上大便，結果我只好再洗一次。每次都要使用化學清潔劑與 90 度高溫！不好意思，這樣完全違背環境永續的目的。

購買油電混合車！

為什麼？我已經有一輛車了，要是再買一輛，我就有兩輛車了。賣掉第一輛，然後開另一輛車，結果又放著不開，這一點意義也沒有。而且在車庫可以無聲發動又怎樣？為了不要吵到安德森一家人嗎？想都別想！

節約用水！

節約用水，我嗎？這樣啊……好吧。假如大家的生活方式都跟我一樣的話，那加州根本就不會缺水了！因為我不運動，兩天洗一次澡，家裡也沒有游泳池，而且自從特麗莎搬走之後，我家的院子就是一片沙漠。除此之外，我喝的啤酒比水還多，而且我討厭橄欖。各位知道生產一公斤的橄欖需要多少水嗎？4400 公升！

自己自足！

這想法不錯，但是我家院子裡的草根本不夠養這麼大一條牛。

與有需要的人分享食物！

那我就要拿走那可憐傢伙一半的食物！與其如此我還寧願給他錢呢。

認識附近的農夫！

我已經認識了，那傢伙根本就是個混蛋，賴瑞的殘疾就是他的罪孽。

如果有孩子了，請教導他環境永續的作為！

　　我還有更環保的作為——不要生小孩！不生小孩的話，就算我每星期搭飛機去拉斯維加斯，其所產生的二氧化碳排放量都不會比安德森那一窩人的產出高。安德森早晚會有一輛有冷氣的跑車，還要跑去夏威夷度假，我在後面的章節「我必須成家！」中會繼續闡述這個話題。

　　大家明白了嗎？耐性蘇西的訣竅是不是就跟香蕉一樣？香蕉！每公斤的產量需要用掉 790 公升的水！

　　我根本不需要勉強自己成為環保意識正確的人，因為根本沒有這樣的人。眼前的事實就是人類的存在便是種阻礙，根本沒有所謂的心安理得。真要有的話，那在人類繁衍時就會相應而生了。算算時間應該要再更往前推一些，因為爸爸當時可能已經把家裡的暖氣調高了，這樣媽媽才不會冷死。

　　假如各位聽了我的見解之後還是想要做些環保正確意識的作為，那就安排一下環境永續的葬禮好了。基本上我們都不會知道自己葬禮發生了什麼事情，生命品質也完全不會受到影響，而這樣才有意義。大家在火葬時要注意一下，不要放屁。

☆ 尚恩語錄回顧！☆

 人類的存在就是一場環保浩劫——眼前的事實就是如此。

 避免爆量搜尋——單次爆量搜尋就會消耗一座小城市整個星期的用電量。

 飛機上喝得越多，就會越快抵達目的地，不過千萬不要搭飛機去吃牛排！

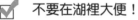 不要做運動！不如觀賞當地產銷的電視劇。

不要在湖裡大便！

我必須要有主見！

誰鳥你！
為什麼我們完全高估了有主見的重要性呢？

「心理醫生說我瘋了，然後我說我要尋求第二看法。對方說，
『喔還有，您長得真醜！』」
——羅德尼・丹格菲爾（Rodney Dangerfield），
美國喜劇演員

　　某天晚上，你在酒吧裡喝了幾杯啤酒並在夜裡走路回家，暗巷裡突然出現了兩個影子。

　　「嘿，媽的混蛋！」其中一個問你「你是想要被刀刺死，還是亂毆打死？」

　　大家怎麼想呢？這種情況下是不是沒有看法比較好呢？大家儘管叫我膽小鬼好了，但是當我遇上這種情況時，我的答案會是，「嗯……刺死或是打死，我現在真的一點想法也沒有。不過你們看

見我外套口袋的鼓起嗎？看到了嗎？很好！你們哪個想要先挨第一顆子彈呢？帶疤的娘娘腔呢？還是脖子短到看不見的刺青矮冬瓜？」

我很確定這兩個土匪現在也一定沒有任何想法，緊張的氣氛早就讓他們毫無見解了。打從我說了一句話之後，他們心中肯定只有一個想法，而那句話就是——

沒有想法才能活命！

假如各位覺得這黑夜打劫記對於沒有看法這件事情無關痛癢的話，那麼幾分鐘過後又上演了一場婚姻打劫記。

「親愛的，安德森一家人冬天要去墨西哥，你覺得怎麼樣？」

「特麗莎，那就讓他們去啊，我超討厭墨西哥的！」

「你和偉恩從墨西哥提華納回來時可不是這樣說的！」

「呃……」

此時此刻，面對特麗莎我可是一點看法也沒有了。我們最後當然還是去了墨西哥，沒錯，我超討厭這趟旅程的。因為我討厭特麗莎與安德森，而不是墨西哥這充滿美女的美麗國土，我對這國家再也沒有任何其他的看法了。

沒有看法才能保住飯碗

知名研究者曾經針對大學學生調查並詢問他們是否認為每個人都應該要有所主見才行；45% 的大學生答案是肯定的，32% 是否定的，23% 的學生表示沒有看法。我非常確定一件事情——如果這位知名研究者當初詢問的對象不是學生，而是醫生、運動員以及政治人物的話，那麼沒有看法的比例絕對會更高。大家上次聽到醫生說，「身為主治醫生，我的看法是石膏可以立刻拆掉了」是什麼時候呢？或是有哪位足球員會對著攝影機說，「我們隊上那無腦的教練要負起責任，要是我就會開除他！」

還是說大家曾經聽過美國總統對美國色情產業表達看法的呢？沒有嗎？是的，沒有看法真的會是一種優勢，不管是矯正外科醫生、足球員或是美國總統，沒有看法就可以保住飯碗。

寧願沒有想法，不能沒有朋友

大家現在可能會覺得，我不可能是沒有想法的人，畢竟我是寫出這本書的人。不過呢，大家這麼想就錯了。我這人根本一點想法也沒有，對於宗教與政治幾乎沒有看法，就像我對德國歌手海蓮娜・費雪（Helene Fischer）沒有任何看法一樣。為什麼呢？因為各位的閱讀樂趣比我的看法更重要。好吧，可能我已經激怒了一些全素者或者三鐵運動員，但是這兩種人不過佔總人口的 3% 而已。

如果諷刺這 **3%** 的人可以換來 **97%** 的樂趣呢？很好，這就是民主。

宗教、政治與音樂就不是這麼回事了。我要是對一位大受歡迎的流行音樂女歌手坦承自己的看法，那麼德國的讀者就會立刻分成三派：第一派的人會說，「什麼？布魯梅爾在法蘭克福某間店裡聽到芭樂舞曲《無法喘息》（Atemlos）時，竟然直接撞破玻璃摔到街上？好啊，那我再也不會讀這傢伙寫的書了！」第二派的人則會說，「哈哈，換作是我，我會毒打放這首歌的 DJ 一頓……」第三派的人則是沒有任何看法。

很難想像，對吧？不過就是對於一個無關痛癢的話題表達個人看法，我竟然就要承擔失去讀者的風險！大家明白了吧，我現在也很欣慰，各位理解我的用意了。畢竟我的書就像世界各地的酒吧一樣，夜間談話的鐵律就是──不談宗教，不談政治，不談費雪。英國人在喝了上百萬品脫的健力士（Guiness）啤酒後所學到的教訓是──因為一首歌失去朋友根本不值得，而且還是一首爛歌。

不懂卻裝懂

我們經常聽到「不懂卻裝懂！」這句怨言，至少我經常聽到這句話。就算真的如此，我也不會這樣。大多數的人類在數百年來都是處於不懂卻裝懂的狀態，也就是說──地球是平的、自慰會變成瞎子，還有運動有益健康。現在大家都很清楚──這些都是謬誤。從前當然也有些人知道這些事情不是真的，但是他們寧願選擇不說

破，畢竟要是他們在教堂裡跳起來表示——

「這是怎麼回事？地球哪會是他媽的平的……！」很難説下場會是如何。

「你是懂什麼，你不過是個盲目的混蛋？！」氣壞的暴徒會這樣回答，然後拿起鐵架痛扁他一頓。我要表達的意思是——這與個人的看法正確與否無關。重要的是個人想不想在相同看法的團體之中找到歸屬。

沒有想法省事又省力

自願選擇沒有想法這件事情中最重要的層面當然就是——個人不能有任何想法，一來是因為我們對於任何事情都沒有興趣，再來就是對於事物要培養深厚的想法是件多麼曠日費時的事情。

為了要向各位扎扎實實地呈現建立想法是多麼複雜的一件事情，我便為了各位讀者建立了一個全新的想法。當然，我也不是靠一己之力完成的，畢竟網路上有這麼多精彩的輔助網頁。維基知識（wikihow）應該是目前最好的輔助網頁，其中那篇精彩絕倫的文章《建立想法的十個步驟》（Wie man sich in 10 Schritten eine Meinung bildet）。讀過的人都會驚訝地回想——以前沒有網路的時候，人們究竟是怎麼建立想法的呢？現在就讓我們一起瀏覽這維基知識的十個步驟吧！

步驟一：選定自己想要建立想法的主題

好吧，我開始思考，我在選擇主題時當然要考慮那些自己至今從不曾產生任何想法的事情。久經思考之後，我決定要以德州奧斯丁的餐廳「陽光烤肉」為主題，畢竟我之前從來沒有聽說過這間餐廳，而且我也沒有去過德州。

步驟二：開始與自己進行正反辯論！

因為我沒聽過這間餐廳，對德州也一無所知，所以這個步驟真的很困難。坦白說，我覺得這個步驟根本是無稽之談。不過呢，維基知識顯然不是在開玩笑，因此我還是乖乖地按照這個步驟進行一番正反辯論。我穿過院子並開始針對餐廳進行批判，而且還特別鎖定德州這地方，接著我又扮演正方意見並列舉拜訪奧斯丁「陽光烤肉」餐廳的各項優點，其中像是朋友聚會、啤酒暢飲與解飢……等等。獨腳賴瑞三不五時就會從籠子裡跳出來表達意見，但是我又沒有辦法完全說服牠。

步驟三：針對主題蒐集資料

我在辯論的過程中開始對「陽光烤肉」餐廳產生高度的好奇心，我在網路上瀏覽他們的菜單，真的很讓人躍躍欲試——前菜是

玉米片炸雞,主餐是牛仔鐵板牛排,飯後甜點則是蘋果蛋糕加焦糖冰淇淋,啤酒單也一應俱全。網路評價呢?谷歌評價系統上有 822 則反饋,大致上都是在「這地方太棒了!」與「⋯⋯一點也不特別」之間游走著,平均評價是相當不錯的 4.3 顆星。

步驟四:找其他人一起討論這個主題!

我在建立想法的第二天碰巧在春日街上遇到牧師麥克.舒克(Mike Shuck)。我問他,「麥克,身為一個有信仰的人,你覺得德州奧斯丁的陽光烤肉餐廳怎麼樣?」舒克牧師竟然一個字也沒有說!他反而問我是不是已經和特麗莎離婚了,還是說這段婚姻還是有轉圜的餘地?真讓人失望透頂,我真的對基督教沒有什麼好期待的了。

步驟五:傾聽他人針對這個主題的討論

我在 yelp.com 網頁上繼續尋找關於陽光烤肉餐廳的其他評論。很多人在上面興奮地推薦一些餐點,而許多人並不理解這家餐廳是在紅什麼?要讀完那 1457 則評價實在是份苦差事,不過當我在半夜餓著肚子關上筆電的同時,心中已經篤定並且已經開始產生明確的想法了。

步驟六：聽聽專家們怎麼說！

我興致勃勃地研究專業餐廳評論，結果發現陽光餐廳名列《奧斯丁記事報》（Austin Chronicle）2014 年最佳餐廳主菜項目的第一名，而且 2006 年就得過最佳兒童餐的頭銜（起司通心麵）。

步驟七：拋棄個人想法中任何誇大不實的因子與動機！

我在夜裡都會重新檢視一遍心中對於陽光烤肉餐廳的看法。或許肉食主義者可能會用「美國人的暖心食物」這樣天花亂墜的話來誘惑我？菜單上的啤酒選擇是不是真的那麼棒？這麼多要思考的事情讓我感到疲憊不已，於是我決定將個人想法延遲到隔天再做決定。說不定換個地點也會有所幫助，讓腦袋清醒一點。我寫簡訊給凱倫，告訴她我要帶著賴瑞離開巴索羅布列斯一陣子，好讓我冷靜地想一想。凱倫一開始有些嚇壞了，後來就祝我一切順心並感謝我在那段時間的陪伴。

步驟八：對於自己的所聽所聞重新檢視一番，看看是不是真的切合實際！

我與賴瑞在隔天就出發前往酒莊，我在那邊的一間小旅館訂了房間。我在葡萄園散步良久，重新思考自己對於陽光烤肉餐廳的所

知所聞。想想「哈利是全世界最棒的酒保！」或是「誰要排隊兩小時吃這爛糊糊的東西！」是不是言過其實了呢？聽起來似乎就是如此。對於那 3679 篇評價，我又是怎麼想的呢？凱倫為什麼一直打電話來給我呢？

步驟九：決定自己的想法並且準備好隨時捍衛這個想法！

　　我當時深陷於這個建立想法的過程之中，因此我與賴瑞在酒莊待了一整個星期。第七天，當溫暖的陽光照射在在葡萄藤上時，我的心中也出現了曙光，而我在當下就明白了——我已經建立好對於陽光烤肉餐廳的想法了！「沒錯！」我説，而賴瑞也説，「得克—得克！得兒——得兒——得兒！」那整個流程真的相當吃力，但是我相信每一分每一秒都值得，因為我那是我第一次對於飲食與健康的議題不再嗤之以鼻，不，那是我人生中第一次發展出成熟又堅實的想法！我自豪地在紙張上寫下——

德州奧斯丁的陽光烤肉餐廳根本就是一間誇大不實的爛餐廳，我根本不可能會滿意。我很高興自己還沒有去過那裡！而且誰要去德州這種地方！

　　我滿心歡喜地開車回家，但是卻驚訝地發現自己根本忘了維基知識上還有最後一個步驟——

步驟十：將想法保留在心中，等到有人問的時候才發表

接下來的日子實在有些難熬，因為根本沒有人會問我對於陽光烤肉餐廳的看法。況且我還花了整整兩個小時向凱倫解釋，我根本沒有要跟她分手的打算。當然我也可以藉此分享自己的看法，可惜她對於陽光烤肉餐廳與德州都完全沒有興趣，她只關心我心裡對她的感覺。我淚流滿面地向她保證自己對她的感情，而且我絕對願意一再地告訴她，而那只有在她的協助下才行得通。

我的內心懊惱不已——好不容易有自己的想法了，但是卻沒有人可以分享。我也嘗試過用暗示的方式，像是「天啊，好好吃……我不知道德州有沒有辦法吃到這麼好吃的漢堡……」或是「我的導航好爛，居然找不到奧斯丁在哪裡……」。

這些招數完全沒有用，直到現在都沒有人問過我對陽光烤肉餐廳的想法。我唯一的慰藉就是，各位親愛的讀者，你們可以藉由我這致命的錯誤學習到一件事情——這世界上就是有些我們根本不需要對其有任何想法的事情。

☆ **尚恩語錄回顧！** ☆

 沒有想法可以救人一命！

沒有想法可以救人一命！

遭受突襲時，一定要沒有想法！

寧願沒有想法，不能沒有朋友！（運動、政治、流行歌曲）

沒有想法省事又省力！

這世上就是有些事情是不需要有想法的（德州奧斯丁的陽光烤肉餐廳）。

Sinn des Lebens

生命的·意義

為什麼沒必要多做愛，

也沒必要成家一樣能幸福快樂呢？

而且，列願望清單這件事根本是無稽之談

　　「每個人一定要找到人生的意義！」非要不可怪獸總會這樣催促著，好在此時牠已氣力用盡了，而牠最終也會料到我們的答案就是對他的最後一擊，「誰鳥你！」

　　果然，追問人生的意義真的一點道理也沒有，因為人生中最美好的事物都沒有意義，像是不健康的食物、暢飲啤酒、吸大麻、不浪費時間幻想而直接做愛、聽笑話大笑、混水摸魚、空扯閒談並且攔截喬・安德森訂的外賣披薩。既然人生中最美好的事情都沒有意義，那麼人生為什麼需要意義呢？或者是我們又需要什麼意義呢？

　　大家或許還記得沉靜的西藏人嗎？就是不用打熱線電話的達賴喇嘛？他自己也曾表示，他至今仍不知道人生的奧義何在。這其實是一個相當艱澀的問題，不過其實也沒有必要為此裹足不前。人生更重要的是去關心其他人的福祉，而這正是我寫這本書的用意，也是我釀製濃啤酒的目的。太簡單了嗎？好吧，人生有時候真的也沒有那麼複雜就是了。

我一定要多做愛！

真的嗎？最好少去想這件事情。

> 「尚恩，這些以後都是你的！」
> ——半裸的凱倫，我等了三個月才跟她上床

性愛可以何等美妙！或是奇爛無比，爛到讓人想要立刻忘卻這件事情，看是藉由吃東西或是看電視忘掉整個過程。不過就算性愛棒透了，也不過就是擁有的那一瞬間罷了。之前或是之後都很累人，而我在前面也說過，我寧願讓網路那些專家上場！

「唉，尚恩，這也太可悲了吧……」

如果可悲代表實際的話，那麼我寧願這樣可悲下去。大家想一想，我們要是看專業的成人片影星做愛，那我們不僅不用整理房間，也不用洗澡，甚至也不用刮特定部位的毛髮，然後還可以省下搜尋浪漫餐廳的時間。我們也不用檢查保險套過期了沒，至少我還不曾打電話到色情網站抱怨說，「不要再幹了，套子掉了！」另一

個優點是——當我們讓那些專業人士代理那些粗活之後，那麼做愛之前就可以隨心所欲地吃東西：披薩或漢堡，薯條加啤酒，而不是鱒魚三吃佐大黃醬。假如為了做愛就得吃這些東西，那我一定會氣到不想再做愛了。

既然都提到某些人為了片刻歡愉所付出的努力了——其實我的朋友胖子查理就曾經為了這檔事吃了兩星期的全素。當時他讀了加州最紅女優布莉·歐爾森（Bree Olson）的一篇專訪，她在文中邀請所有想跟她做愛的人吃全素，只要證明自己吃全素就可以跟她做愛。查理為此興奮不已，立刻改變飲食習慣，而且當他在推特上聯絡布莉並告訴對方，他真的辦到了，結果他就獲得免費使用breeolson.com 網頁一星期的獎勵。哈哈，結果他氣死了。我不知道他有沒有真的上網做愛，但是最糟糕的是——查理花了整整一個月才把那四公斤胖回來。

慾望無窮？

每次談到性的話題，我就經常對動物感到嫉妒。動物根本不需要閱讀酒單，也不需要戒吃大蒜；牠們也不需要上推特，就只要嗅一嗅、跑一跑、追一追，然後跳上去……就這樣……動物行為就這樣……太爽了吧！

我要是褲襠開開地橫過春日街追著星巴克分店的超辣咖啡師夏尼雅，我就會被立刻拘捕。是沒錯啦，春日街要遵守紅綠燈穿越

馬路才行，其他方式都是「任意穿越馬路」，就是因為這樣才會被逮捕。

這下半身的話題究竟是怎麼回事呢？我們為什麼會不斷地以為做愛次數應該要更頻繁才行？我們怎麼會這麼色呢？答案很簡單——因為那些讓我們成天精蟲衝腦的人啊！不，我說的不是各位讀者，我根本不認識你們。那些！那些啊！就是其他那些。

每兩個廣告看板上就會出現半裸的模特兒在上面，網路上充斥著色情片，各式各樣的電子用品都可以看得到，短裙以及歐洲那種露屁褲子就更不用說了。而我們就只能濕潤又僵硬地站在那裡期待著——假如這世界就像一部色情片該有多好。偏偏這個世界根本不是色情片，不過這樣也好，這樣女人就不能隨便叫個水電工回家，鞋子都還沒脫就開始在走廊吹喇叭。這樣加州就會有一半的水龍頭鎖不緊，難怪會發生乾旱！

等一等……我剛才仔細想一想——這不就是加州缺水的原因嗎！各位知道有多少以水電工為主題的色情片是在加州拍攝的嗎？當然不是因為我看過一些的關係，但是偉恩與我一定會立刻調查這件事情，假如正如我所料的話，那我就會立刻通報給州長知道！如果這水電工的想法沒有突然冒出來的話，我本來要說的是——

做愛並不是什麼可以靠招搖撞騙得來的事情

正因為如此，當我們在七間酒吧與三家俱樂部輾轉一夜無功而返時，我們依舊是個正常人，而不是什麼軟屌男或乾物女。真相就是如此──如果我們不是成人娛樂業者，像是百萬富翁或布莉·歐爾森的話，那麼與人做愛就是人生最艱難的事情之一。

事情真的就是這樣，而且我已經在最具代表性的三個場所詢問過了，分別是全食超市（Wholefoods）、星巴克咖啡以及巴索羅布列斯社區教會。為了不要模糊調查的重點，我的提問都非常清楚明確，我直接走去問麥克·舒克牧師，「麥克，身為宗教信仰的代表──要來幹一發嗎？」

各位知道接下來發生什麼事情嗎？麥克對我比中指！牧師比中指耶！全食超市的保全則是直接把我扭送到停車場，而星巴克咖啡則是請一位紐約的律師對我發出存證信函。這些反應都在我的理解範圍內，不過至少教會的反應再度讓我有所期待了。然而，我也不禁問自己──做愛不容易會是一件壞事嗎？當然不是！

大家肯定也經歷過「不做愛」可以比做愛更棒的時候吧？是吧？很好。當我心情不好的時候，我會經常告訴自己──抬起頭來，尚恩！一切可能不是那麼順遂，但是你至少不用再跟特麗莎上床了啊！嘿──我有權這麼說──因為我是美國公民。也許這樣說會比較好一點，我的意思是說──我絕對不可能在被脅迫的情況下跟任何人開始性交。就算是被金光黨色誘上床也一樣，因為我沒有

辦法接受對方是在被收買的情況下才和我性交。我也不會在邦諾書店（Barnes & Noble）拿二十美元給任何顧客，好讓他可以買我的書。

受時區限制的褲檔反應

然而，這樣的想法又再度高漲了──做愛次數必須更加頻繁。我的身體三不五時地也會這麼以為，然後我就會痛苦地在凌晨四點發生夢遺。真的，凌晨四點！沒錯，這是不是太扯了？我三更半夜是在勃起個什麼勁啊！不好好睡覺是在幹嘛？有次凱倫在我家過夜時，我輕輕地頂了她一下，讓她知道下面出亂子了，然後我很有禮貌地問她，不知道她可不可以幫我解決一下。「沒問題啊！」她說完就立刻把我的短褲拉起來說「解決了。」

這夢遺的爛攤子也跟著我一起飛到了德國，而且還變本加厲。就在我向那位留著鬍子的釀酒師傅打招呼的同時，偏偏我的褲檔就碰巧地開始出現隆起。我驚慌失措地看著牆上的時鐘，沒錯──加州時間正是凌晨四點──我的屌有時差，受時區限制所出現的勃起時差。當時眼前還有這麼多德國人！真是尷尬到了極點。那就是我的身體在表示，「嘿，不管你在哪裡，現在幾點，我一點都不在乎，我就是想做愛！」

這件事情至少有個圓滿的結局，當我回到美國西岸時，我的屌又出現了時差──德國之旅的夢遺情形開始出現在大西洋時間晚

上八點，我與凱倫自然可以充分利用這個時機了。我從德國回來之後，我們每個星期天晚上八點都會做愛。假如各位覺得這樣太公式化又無趣的話——其實不然，因為當凱倫與我知道時間是晚上八點時，我們可是不在乎當時身在何處的。當我的 iPhone 提示「開機時間到了！」而她的則是顯示「快樂享用餐！」時，我們就會放下手上的工作，不管是在打網球、布置布魯梅爾濃啤酒門市、還是與漢克及蘇西正在巴索羅布列斯分局閒晃都一樣。

　　説不定這種講好固定時間的方式也很適合各位做參考？要是晚上八點有點太晚的話，那就考慮七點或六點都可以，其他美妙時間都可以在我的個人網頁上找到—— www.seanbrummel.com。

悲傷音樂不可少

　　對於這世界上最美好的事情，我真的不想要破壞各位讀者心中的印象，不過當各位以為自己的做愛次數應該要更頻繁時，大家心裡想的應該只是那美好的一瞬間吧？大家可能忘了那些不怎麼美好的部份了吧？像是一邊口交，一邊聽安立奎的音樂？抓皺的床單與怪異的腥味？忘了被咬痛的感覺？陰莖骨折與陰道痙攣呢？性伴侶不懂得分辨擁抱與睡覺的差別，導致自己難以成眠，結果隔天上班時看起來像是被性侵害的浮屍一樣？

　　大家有想過這些事情嗎？或是腦海裡只有一些色情片的畫面，而且到頭來只有百分之一是真正會在夜裡發生的情景——畢竟，是

生命的意義

有哪一部色情片是會關燈開場的呢？假如大家下次又覺得自己非得要做愛的話，那最好先想想，這麼沒有人性的壓力會造成什麼結果呢？最糟糕的結果就是婚姻，就像我與特麗莎的關係一樣，不然就是胖子查理那兩週全素的故事了。

　　我當然也會想到酒鬼偉恩了，這傢伙總是妄想性愛頻繁的生活，直到某天晚上他全身赤裸地在脫衣舞酒吧的廁所被痛毆了一頓，接著還在臉書上遭受眾人的冷嘲熱諷。這件事情告訴我們——如果要戴著健身手環打手槍的話，事前要記得切斷所有無線連接。偉恩因此引起公憤並且被該店家列入黑名單。不過呢，他使用的健康軟體也因為他走了超過五萬步而頒獎給他！雖然他現在必須要繳回獎牌……。

☆ 尚恩語錄回顧！☆

- ☑ 假如不做愛，那就可以想吃什麼，就吃什麼！
- ☑ 色情片產業要為乾旱負責！
- ☑ 假如要對星巴克咖啡師求愛的話——記得要在春日路上紅綠燈的指示下穿越馬路！
- ☑ 善加利用勃起時差——也就是受時區限制的褲檔反應。
- ☑ 打手槍時記得脫下他媽的健身手環。

好了，如果各位方便高抬貴手的話，請在下方簽名，謝謝——

本人，＿＿＿＿＿＿＿＿＿＿＿，沒必要頻繁做愛。

我必須要成家！

真的嗎？晚餐時聊天真的沒關係，
看電影也沒關係，而且一定要睡飽……

「我是作家，我的孩子們就要出版了！」
——尚恩‧布魯梅爾，美國暢銷作家，寫在痛哭失聲前。

生兒育女有上千個好理由，只是沒有一個可以說服我。沒有人非要組織家庭不可，沒有也沒關係，沒有也可以過得很好。至少沒有小孩的人生自然也有很多道理，其中最為人所知的就是——沒有小孩就不會在夜裡拿啤酒時被玩具絆倒，而且隨時都可以油炸巧克力棒來吃，要是被熱油燙到了也可以隨心所欲地大罵髒話。

沒有小孩的話就可以自由翻閱《今日美國》（*USA Today*）的養眼版面，不用坐在無糖幼兒茶旁邊接受《我的朋友—小海豚》這部電影的茶毒。沒有小孩的話就可以坐在高貴的雙人跑車上聽著《超脫樂團》（Nirvana）的音樂，而不是坐在休旅車上聽倉鼠舞

曲（The Hamster Dance）。最棒的事情是——沒有小孩就根本不需要濕紙巾！沒有小孩就不會常生病，不然誰會在沙發上傳染疾病？歐普拉？查理辛？珍妮佛・安妮斯頓？

嘿，沒有小孩的話還會更受鄰居的歡迎。「啊，您週末就來度假了啊？我們什麼都沒聽到啊！有空過來喝一杯酒啊！」

我知道各位早就知道我說這些話的意思了，各位也不是那麼冥頑不靈——沒有小孩就可以隨心所欲地做事情，而且人見人愛！

若不是來自社會的壓力，覺得一定要生兒育女的話……

「好吧，尚恩，你想怎樣我其實都無所謂，只是你說的這些事情在我眼裡看起來都像是試著正當化自己的行為而已。」

啊，家長們就不會正當化自己的行為嗎？大家知道，凱倫跟我有多常聽到某某家小孩的豐功偉業嗎？而且當我們在享用美味的肋眼牛排晚餐時，手機有多常冒出煞風景的小孩照片？各位知道有多少家長患有兒童照片妥瑞症嗎？那才是最糟糕又不可控制的正當化症狀。正當大家開心地談論湖人隊絕妙的三分球時，手機上就突然冒出小大衛的照片，因為他也會投球了。那麼各位想必多少也知道，當凱倫與我在聚餐後面對那些家長的空洞眼神時，我們有多麼想要偷偷地開始其他話題，像是政治、社會或是第三季的《紙牌屋》影集之類的，而不是什麼兩隻老虎、疊疊樂或是《麥克洛尼船長的老掉牙冒險》（*The Cheesy Adventures of Captain Mac A. Roni*）。

我的敵人，小海豚

當然有很多人持有不同的想法，多數人都是這樣，因為他們已經輕率地搞砸個人自由了。這種人就會突然看起來像個牧師一樣地說：

「我說啊，你們就是要生小孩才可以啊！」

誰鳥你。

「我們之前的想法也跟你們一樣，但是我們現在很快樂！」

「你們根本不知道，自己究竟錯過了什麼啊！」

沒錯，我們根本不知道，所以我們才會知道，你們錯過了什麼——像是睡眠、性愛與機動性。就是因為你們沒有辦法忍受，所以我們就非得要看《我的朋友，小海豚》[25]（*Mein Freund, der Delphin*）嗎？不，不，不……

意外的是，如果我今天是與一位母親或父親獨處的話，對方往往都不會反駁，那也就是說，「尚恩，你的選擇都是對的，好好享受吧。」

生兒育女在美國正好是個熱門議題，我的態度經常引起騷動與一些雜音，像是「尚恩，你自己也當過孩子啊！」或是「不要臉的東西，這根本就是違反常態！」多數時候我會這麼回答，「鮑伯，閉嘴！」然後向其他觀眾解釋，我很清楚繁衍後代的重要性。我又

---

25 是一部倡導海豚保育議題的兒童電影，中文譯名為《溫特的故事：泳不放棄》。

不是瘋了，我們可是在美國，有多少觀眾家裡是有槍的啊。不過就算睡前不需要吃第四十五支巧克力冰棒，我也可以清楚地告訴各位——

是的，人類必須要繁衍後代。

人類。

不是我。

我才不鳥這種事情。

為什麼？

因為——

就眼前的現況看來，人類不會因此滅亡。

這世界上有七十億人口正在踐踏這個地球，人口很快就要到達八十億了。大家真的覺得，這世界正在期待我們的後裔嗎？為什麼呢？因為我跟凱倫既聰明又好看，所以繁衍後代幾乎就像是我們的責任了嗎？因為我們比其他人優秀嗎？好吧，我跟凱倫是滿酷的沒錯，但是如果我沒有立刻生個優秀的超級英雄來拯救地球的話，這個世界就會淪陷嗎？

以上還算是往好處想的結果。舉例來說，要是我們的小孩根本不是救世英雄，而是覺得雷射光束超蠢的女孩子呢？如果我們的小孩覺得布魯梅爾這個姓氏不光彩，甚至覺得丟臉——因為《美國偶像》（American Idol）節目中有一個同姓氏的人唱了兒童版的《快

樂》（Happy）讓我們門面掃地，該怎麼辦呢？要是我們的孩子以後變成獨裁者呢？對啊，希特勒也是人生父母養的啊！除了這些理由之外，我的朋友酒鬼偉恩則是認為，「我很確定，我的小孩一定會是個徹頭徹尾的王八蛋！」

「嘿，尚恩，說不定你會是一個好爸爸啊！」

是的，我可能會是個好爸爸，我還可能是這世界上最屌的父親。我根本不需要多作解釋，因為我就是與多數人不一樣。多數就是指那些異性戀者，吃肉也開車的那些人，就跟我一樣。正因為如此，我才會跳上同性戀酒吧的吧台上大喊，「什麼？你們真的不要女人？你們認真考慮過了嗎？」我用力將冷凍肋排甩進全素餐廳裡，或是踢倒騎單車的人並對他們說，「啊，單車選手啊，你要是名賽車選手的話該有多好！」

內心險惡的非要不可怪獸自然不會放過這有趣的思考遊戲。各位請記得──恐懼與罪惡感就是非要不可怪獸的養分來源。各位還不確定，自己該不該組織家庭嗎？非要不可怪獸肯定在一百里外就開始在風中呼嘯著，而且只要數三秒，牠就會逼你回答這個問題──

「以後老了，誰來照顧我們呢？」

我的話，答案就是二十一歲的瑞典美女，而且不需要任何醫療訓練。換作是各位的話，那就要看大家怎麼看待這件事了──生兒育女並不代表他們就得要照顧我們。

「好吧，但是你要是死了，又有誰會想念你呢？」

當然誰也不會啊！但是這又怎麼樣？完全無所謂，這根本無關緊要。既然我都死了，我自然也不會覺得這有什麼不好。各位想想那位希臘園丁伊比鳩魯是怎麼說的，「死亡與我們無關。人只要還活著，那就還沒死，而當死亡降臨時，那我們就活不了了。」

是不是。

也就是說，正當湖人隊 2056 在季後賽上場時，我也不會去思考自己是要弄一份熱狗還是披薩來吃。那我為什麼要去操心以後會不會有人思念我這件事情呢？

我不如去想一下，凱倫與我會因為生小孩而錯過什麼——像是二十五萬美金。

這就是美國家庭平均養一個小孩的所需花費，希臘的小孩可能要貴兩倍，不過我們就不要想得太複雜，就以美國小孩當例子就好了。如果要投資二十五萬美金，那自然這個小孩也要值回票價才行——如果真的想要有小孩的話。但如果不想要的話，那也要放聰明一點，至少要挪一部份的錢放著。沒錯，我說的就是「布魯梅爾照護」，這是美國當前受到熱烈討論的養老計畫——這個計畫是我、凱倫、偉恩與蒂娜在莫利酒吧喝了幾杯酒之後發展出來的，這個計畫的內容是——

投資布魯梅爾照護計畫

如果各位沒有計畫要生兒育女的話，每個月將這筆支出的一半

存起來。等到五十歲過後，手邊就有這樣一筆錢可以運用了！思考一下，你的小孩絕不會出生的那個日期，列出一張可以省下的花費清單，像是嬰兒車、包屁衣、嬰兒床、尿片與水壺、幼稚園、衣服、智慧型手機、第一輛車與第一次喝酒鬧事的保釋金。

我的朋友史帝夫膝下無子，而他透過布魯梅爾照護計畫為他不存在的兒子存下了四萬五千美元！他最近在莫利酒吧拿出那筆為不存在的兒子省下的牙套費用請大家喝個爛醉，我們甚至還聊了沒有小孩是不是很自私的話題。各位想想，如果三十歲還是沒有生小孩，那麼到了五十歲時不僅更有錢，而且還省下了十二萬五千美元，這筆錢可以拿來買跑車、吃好料或是投資個人照護之用。為什麼偏偏是五十歲呢？因為有無數的調查顯示，五十歲是最不快樂的年紀。現在我們可以在這年紀存到十二萬五千美金，是的，這不是時機，那什麼是時機？

「好吧，尚恩，未出生的兒子幫你付了跑車錢，但是你內心作何感想呢？真的心滿意足了嗎？」

不知道，當爸媽的總是心滿意足嗎？就我的觀察來看，答案似乎是否定的，而且更糟的是——他們甚至還覺得自己的選擇是對的。去年有一份科學研究指出，有小孩的父母並沒有比那些沒有小孩的夫妻更快樂，而且在某些情況下更不快樂。比起讓家長快樂，小孩並不是為了這個目的而存在，快樂必須是自己承擔的責任。

我在網路上讀了一些關於憂鬱家長的文章，材料多到可以讓我寫本新書《吾愛吾子，吾恨吾生》（*I Love My Kids, I Hate My*

Life）了。

　　此外，母親們往往也沒有時間照顧自己。是啦，她們至少會躲進虛擬的網路世界裡。我每天早上都會看到——每個推著嬰兒車的母親都在滑手機，而不是在跟嬰兒說話。這真的很誇張，不是嗎？自己的母親不過就一步之遙而已，但是沒有臉書帳號的話，就沒有辦法讓媽媽知道自己正在肚子痛。可憐的孩子，眼裡的母親就是 iPhone 的背面罷了，有時候可能還會以為自己的母親就是那顆蘋果。

　　父親看事情的方式就實際了些，我之前經常聽到，「我一點都不後悔當父親這件事！只可惜孩子們讓我真的沒有辦法離開我的太太！」

☆ 尚恩語錄回顧！☆

☑ 沒有小孩就可以想做啥就做啥，而且人見人愛！

☑ 沒有小孩就可以半夜炸巧克力棒來吃，還可以罵髒話！

☑ 沒有小孩的夫妻所製造的二氧化碳絕對比安德森一家人少很多。

☑ 這世界對你的精蟲沒有任何期待，我們已經有七十億人口了！

☑ 跑車與曼妙的照護人員？不存在的兒子幫你達成——感謝布魯梅爾照護計畫。

還請各位在此高抬貴手，簽個名，萬分感謝。

本人，＿＿＿＿＿＿＿＿＿＿＿，沒必要組織家庭。

人生務必完成的事！

誰鳥你！人還沒死
就有這麼多牽絆真的是很蠢的一件事情。

「我一定要從願望清單上劃掉這個項目！」
——記者詢問歐巴馬為什麼飛去看巨石陣的回答

　　我不久前才知道願望清單是什麼東西，我一開始以為那是肯德基的新活動。不完全是喔，凱倫在《美國之聲》（*The Voice*）的廣告時間向我解釋，願望清單就是人在死前要完成的所有願望——美國俚語說的是水桶清單（Bucketlist），因為踢水桶（kick the bucket）就是掛了的意思。

　　如果我今天是在跟一群德國人喝啤酒的話，他們就會說把湯匙交出來（den Löffel abgeben）——在德國俚語中是掛了的意思。湯匙是要交給誰，這我要問問，因為他們沒有講清楚。我們美國說的就是踢水桶，只是我們在那之前自然還想要體驗其他事情，像是

空中跳傘、與海豚一起游泳、跑馬拉松、玩遍美國各州、出演電影之類的，或是去峇里島學衝浪、寫一本書、參加慶典、烤蛋糕……等等。

喔，這些都很無聊嗎？真的很抱歉，但是這些項目真的是多數人在願望清單上寫下的東西，然後才肯踢水桶或是交出湯匙，這些都可以在 bucketlist.org 的網頁上看到——相當用心的願望清單平台，滿滿的死前計畫。

如果完成所有項目的話，那會怎麼樣呢？

那就可以死了嗎？還是說當我們完成最後一項時，我們就會在沙發上心滿意足的掛掉呢？還是說有人會在這個時候敲門並說：

「嘿，尚恩，是我，黑暗使者。」

「啥？降落傘明明就有打開啊！？」

「是的，但是跳傘是你願望清單的最後一項。」

「可是我還不想死啊！」

「為什麼不想死？你的願望都達成了。」

「是幾乎！我……呃……我還想……這裡……威尼斯！」

「清單上沒有，而且這願望太貴了。」

「好吧，你贏了。那我們是怎麼上天堂？」

「我們要搭一艘黑色的香蕉船。」

「太屌了！我還沒嘗試過！」

293

　　抱歉這都是我個人天馬行空的想法，因為我剛喝了一瓶布魯梅爾濃啤酒。當然在我們完成所有願望之後也可能什麼都不會發生，或是我們也可能因此落入深淵之中——因為突然沒有事情可以做了，不過活下來也很值得，就像 2014 年世界盃足球賽結束之後一樣。

　　然後呢？那是要重新寫一張新的願望清單嗎？大家儘管說我這人很陳腐好了，但是我真的覺得死前必須要完成什麼的想法很蠢。我也不會列什麼莫利酒吧倒店前必喝的酒單，要是真拿出這張清單的話，那我整個晚上就毀了，況且我為什麼要強制自己去做這麼一件美好的事情，說不定我這個晚上一杯酒也不想喝！哈哈，這當然是玩笑話。

　　也許我不認同願望清單的道理在於——我們得要一件一件地安排死前的事情，好像手邊要完成的工作清單還不夠多一樣！各位不知道有沒有發現，在我祖先們使用的語言中，工作清單中（ToDo-List）本身就隱藏著死亡（Tod）了呢？沒有嗎？看清楚一點！

願望清單會製造壓力

　　舉世聞名的科學家證實，如果活著是為了將清單上的項目打勾的話，那絕對會演變成壓力。喔，手機響了。啊……是酒鬼偉恩打來的……

「嘿，尚恩，我今天要去爬山，你要不要一起來？」

「偉恩，好棒的活動，但是我今天要跟海豚去游泳，還要跑馬拉松跟學西班牙文，明天可以嗎？」

「可惡！我明天要烤蛋糕送心上人，還要去搭熱氣球看日蝕。」

「等等，偉恩，明天真的可以看到日蝕嗎？」

「喔，我不知道耶，清單上寫的啊！」

願望清單讓人眼光狹隘

不管是在交出湯匙或是踢水桶掛掉前，要求自己一定要完成某些事情，想想就像是繞著安德森家跳了 104 圈一樣。人生目標怎麼可以像是採購清單一樣，然後一筆一筆劃掉洋芋片、肉類與啤酒呢？尤其是大家有沒有觀察過那種拿著採買清單去購物的人？他們的眼神就是盯著那張清單不放，匆匆忙忙地在貨架間穿梭著，準確地買到清單上的項目，但是也因此錯過了新開的壽司吧與裡頭甜美的服務員，更糟的是──價格一樣，但是容量更多的巧克力醬！大家想一想──付一樣的錢，但是買到容量較少的巧克力醬喔！就是因為眼睛只顧著看那張清單！哈哈

哈！這些瘋子！抱歉，我剛喝了第二瓶布魯梅爾濃啤酒。我想要表達的是──

願望清單就像採買清單一樣

各位知道我平常購物的方式嗎？我就是直接去超市，邊看邊買，所以我才會買到大容量的巧克力醬，我家隔壁無趣的喬·安德森就買不到。這真的很扯，對吧？我們現在回頭談一下那些必須完成的事情——我完全無法隨波逐流去做這件事。這麼說好了——對我來說，願望清單就像是那些排行榜一樣無聊，因為那些讓人不安的必完成願望正是其他所有人覺得很酷的事情。話說回來，大家都要做的事情究竟是哪裡酷了？謝謝各位。不久以前，大家都要做的事情才是最不酷的事情，還是說現在不一樣了呢？既然一點都不酷，那是有什麼好在網路上分享的呢？大家想像一下，耳裡傳來歇斯底里的美國女孩聲音說著——

「我好——想要跟海豚一起游泳喔！」這聲音很刺耳，對吧？那拜託先問一下海豚的意願，也許牠意願並不是很高！

「我在死前想要學會射箭！」好啊，那就去學射箭，然後就可以死了！

「嘿，我想要參加一場慶典！」

嘿，那對你來說很棒啊！對你來說！那種地方會擠滿八萬人，那誰會想知道你有沒有去？要去不去，隨便，就這樣。

我知道這樣說很不公平，畢竟有些人可是鼓足勇氣才會在 bucketlist.org 網站上寫下那些膽大包天的願望，一般人看了手上的啤酒都會結凍。各位知道，這些英雄人物在願望清單上寫了什麼

嗎？他們想要——登——登！「用假名在星巴克點餐！」

真的有人寫下這種願望！不是無趣的「豆漿灌滿星巴克某分店」或者「煽動一場快閃奶油派對」，而是「用假名在星巴克點餐！」

可惡，我當時在想，我真的老了，這些年輕人都瘋了。

完成別人的願望清單！

「嘿，大家上臉書看一下，我正在聖地牙哥吃無麥麩製造的餅乾！」這樣是可以獲得多少個讚呢？希望一個也沒有。難道不一直分享自己在做什麼就活不下去了嗎？機長也不會每五分鐘就廣播一次並告訴乘客，「哈囉，機長再度簡短地廣播，我只是想告訴大家，我們還在空中。我希望大家旅途愉快，只要我們還在空中，我就會再度廣播。」

容我帶領各位進行一項小小的心理測驗。想像一下，如果這些瘋狂的事情都沒有人可以訴說的話，我知道這個想法太扯了，甚至相當荒謬，不過大家想像一下就是了——無論你想做什麼，或是做了什麼，身邊都沒有可以分享的人。這樣的話，大家還是會瘋狂地想要高空彈跳嗎？與海豚一起游泳或是跑馬拉松？哈！可能就不會了吧，可能會覺得跟海豚揮揮手就好了吧？而且還要警告海豚要小心人類，因為《我的朋友，小海豚》正在準備拍續集。

我已經喝了三瓶布魯梅爾濃啤酒，而我想要跟大家分享的是

——不論有沒有社群網站，不論死前或死後——當我們持續在分享我們不怎麼有趣的生活日常時，我們專注的是自己的經驗對別人產生的影響，而不是體驗本身。別人怎麼看我們才是重要的——充滿活力、喜愛冒險、遊歷四方、勇敢又自主！而我正在想，如果接下來的人生就是要為了完成那張願望清單而活的話，那要怎樣自主地生活呢？

務必完成就無法自主！

現在，請大家回想一下生命中那些美好的情景。其中又有哪些情景是有可能提前寫在願望清單上的呢？沙灘上那美好的一天，因為那是第一次穿著屌形畢露的褲子登場？清單上沒有這一項；最好的女性朋友在婚禮當天痛毆新郎的情景？清單上沒有這一項；或是當你吃完墨西哥超辣料理後，本來以為沒有衛生紙了，最後卻在莫利酒吧的廁所找到一捲衛生紙的幸運呢？清單上也沒有這一項！此外，大家都迴避不談的事情——

願望清單要花大錢

不知道大家有沒有想過，完成一張狗屁願望清單是要花多少錢？很多人手上都有一張願望清單，但是其中又有多少人連一個願望都負擔不起呢？我已經計算過最受歡迎的十大願望的花費，而且

還列出了一張帳單。有機會的話請將錢匯過來……不不，我説真的，真的不用急……

願望帳單（Bucketlist Invoice）

尚恩・布魯梅爾

2301 馬爾特路

巴索羅布列斯，加州

93446 USA

願望清單明細

訂購日期：2015 年 9 月 27 日上午 11 時 58 分

欄位	項目	數量	價格（美金）
1	高空彈跳	1	$299
2	追蹤龍捲風	1	$2000
3	威尼斯吃義大利麵	1	$4867.67
4	學會彈吉他	80 小時	$3200
		40 美金 / 小時	
5	衝浪課程	1000 小時	$30000

		30 美金 / 小時	
6	旅居他國	1（六個月）	$60000
7	走遍七大洲	7	$110000
8	義大利維洛納辦婚禮	1	$125000
9	至少養育一個孩子	1	$250000
	本願望清單總金額		**$585366.67**

（感謝與我們一同參與願望清單規劃，死前請再來一趟！）

願望清單與失望

　　如果大費周章地飛去模里西斯與海豚一起游泳，結果只看到可惡的鮪魚，那該怎麼辦呢？如果想要學古巴騷莎舞，但是極度僵硬的四肢連轉身都有困難，更不要說是控制屁股了，那該怎麼辦呢？或者是說，大家在死前一定想要來一趟巴索羅布列斯逛逛我的布魯梅爾門市，結果卻撲了個空，因為我去看日蝕了，那該怎麼辦呢？

　　如果各位是那種認同願望清單並且一定要靠這些白紙黑字內容過人生的話，那至少也列出一張清單，上面寫下自己絕對不會做的事情。

列出一張誰鳥你清單！

　　誰鳥你清單的好處是——自己完全沒有責任與義務，而且一轉眼就可以完成清單的全部項目。我來分享自己的誰鳥你清單做為示範好了——好的，本人，尚恩・布魯梅爾，絕對不會參加鐵人三項，絕對不會自己揉麵團做義大利麵，絕對不會與海豚游泳，絕對不要學會一口完美的西班牙文，絕對不會再節食了，而且我絕對不會讓我的書在北韓出版。假如有人覺得誰鳥你清單上的項目太過猥褻或負面的話，那我還有另一個方法——列出一張死後才要做的願望清單！

　　如果各位到現在還是不服氣，還是覺得自己應該要列出願望清單的話，那我只好搬出另一個會讓各位心服口服的論點了。大家知道，還有誰也承認自己曾列出「願望清單」的嗎？阿道夫・希特勒。不僅如此……我還有清單內容！

希特勒的願望清單

在眾人面前登台。

出版自己的著作。

至少拜訪歐洲十個國家。

嚇某人一大跳。

碉堡裡度過一夜。

「哎，尚恩，你一定要把結果搞成這樣嗎？」

我是美國人，我有權這麼説。如果有人不服氣的話，那請回頭翻閲《言行舉止必須政治正確》這章。

至於其他讀者請跟著我快速地複習本章重點：

☆ **尚恩語錄回顧！** ☆

 願望清單和採購清單並無兩樣，只會讓人生活緊張！

 假如照著願望清單過人生，那就跟那些照著採購清單買東西的人沒兩樣。

 假如完成所有願望該怎麼辦？去死嗎？還是再列一張新的清單？

 如果沒有人可以分享生活點滴，那我們還會想要完成這些願望嗎？

 寫下一張誰鳥你清單或規劃死後的願望清單吧！

現在，還請各位高抬貴手在下方簽名，謝謝。

本人，_____，沒必要為人生該做什麼事情列清單。

我必須要快樂！

誰鳥你！

> 「快樂就是，我現在可以告訴鮑伯，
> 老子把這本書寫完了！」
> ——尚恩·布魯梅爾，美國暢銷作家

　　想想我上次非要快樂不可的時候，應該就是交出書稿的時候了。《想幹啥，就幹啥》這本書耗時超過一年才完成，當我在鍵盤敲下殷殷期盼的「完」時，我覺得自己終於解脫了。那種釋放的感覺，終於讓我願意放出獨腳賴瑞，而牠的鳴叫聲也更加愉悅了，而我用 3D 列印機幫牠做的紅色義肢似乎也相當合腳，我哪還有繼續關著牠的理由呢？

　　交出書稿的那天早上，凱倫與我舉辦了一個小小的儀式——音響播放著嘻哈歌手尼力（Nelly）的《展翅高飛》（Flap your wings），我讓賴瑞喝下最後一滴布魯梅爾濃啤酒，然後打開籠子

的門並讓牠坐在我的手上。牠就這樣坐著不動，就像我賴在沙發上什麼都不做的樣子，牠沒有要飛走的意思。我那時候就想，是不是牠在我這裡待太久的關係呢？

「賴瑞，你要飛啊！」我說，然後凱倫笑著說，「哈哈，牠才不鳥你！」

「也對！」我點點頭說「讓牠自己決定才對。」然後我對賴瑞說，「老傢伙，沒關係，但是要小心那些貓。」

我將賴瑞放在籠子的頂端，接著我們就走進屋裡準備挑選晚上要在洛杉磯盛裝出席的服裝。後來我轉頭看著籠子時，賴瑞已經不見了。

想想有多嚇人，鮑伯竟然要在西好萊塢的馬爾蒙莊（Chateau Marmont）五星旅館慶祝我的新書完稿，那地方看起來就像是一座法式古堡一樣。

鮑伯認為那座酒莊代表舊好萊塢的風情，他崇尚那些明星故事與破舊裝潢的典雅。對我來說，那酒莊只有傲慢的服務生與削凱子的餐點，大家都是來看看這裡過去有哪些名流出現罷了。我最討厭的就是每次去他們都會給我一件過大的黑色 Ralph Lauren 外套，顏色與設計跟我的穿著一點也不搭，我只能不情願地穿上。

「我的巴伐利亞格子衫是哪裡有問題了？」我問前台的那位先生。

「先生，我們只是要試著維持這個場合的基礎要求。」

「當然了。」

正當我在思考這句話的同時，我就已經被套上那件 Ralph Lauren 帳篷，一起和鮑伯被拖進棕櫚園裡了。

「你看到布萊德利・庫柏了嗎？」鮑伯小聲地說著，我們一邊坐下，一邊偷偷瞥向隔壁桌的人。

「沒有，」我咕噥地說著「他有看到我們嗎？」

鮑伯不太友善地看著我新買的皮褲。

「好吧，我們很可能已經引起他的注意了。」

「我可以脫掉夾腳拖！」

「不行！」

當我們喝完第一杯瑪格麗特時，鮑伯已經向我講了三次，這個「神奇的地方」曾經有哪些名流出沒過——詹姆斯・狄恩（James Dean）曾經從某個窗戶跳出去過，吉姆・莫里森（Jim Morrison）則是從屋頂跳下去，然後小甜甜布蘭妮（Britney Spears）有次把食物抹在臉上，結果就被列入拒絕往來戶。

「食物不好吃嗎？」我的視線從菜單上轉移到鮑伯臉上「明蝦拼盤，還是烤鱸魚佐蘆筍？」

「我不知道！」鮑伯不耐地說「你要吃什麼？」

「漢堡！」

「尚恩，你吃點像樣的食物，行不行？」

「漢堡很像樣啊！正確地說，漢堡是這菜單上唯一像樣的食物了。」

除此之外，比起眼前這麼小張的桌子，這餐廳的菜單也太大張

了。我直接將菜單遞給隔壁桌的布萊德利‧庫柏了，他向我道謝後又問我可不可以把桌上的花瓶也給他，這樣我們的桌子就可以騰出些空間了，我當然樂意之至。

「你看看，誰說好萊塢明星都很高傲的，才沒有！」我小聲地對鮑伯說著，滿臉通紅的他很勉強地擠出一個笑容，然後就換了話題。

「你最後到底有沒有放掉那隻笨鳥？」

「有啊，今天早上放走了。」

「然後呢？開始想牠了嗎？」

「等我回家之後肯定會想牠，我希望牠也會想我。」

「尚恩！鳥類是動物，牠們不懂什麼叫思念。牠們吃喝拉撒，就這樣！所以……我要點檸檬雞。」

「好啊。」

我與鮑伯共進了一頓還不算差的晚餐，換個角度想，跟這別有長才的編輯也沒啥好計較的，一來是我已經寫完這本書了，再來就是伯納爾出版社要支付我在這頓晚餐喝下的每一杯瑪格麗特，每杯要價十八美金。接著又點了下一杯，而鮑伯舉起酒杯，我們互相敬酒。

「尚恩，恭喜你要出第一本書了，敬你幾乎完成它了！」

我手上的酒杯差點滑掉。

「**幾乎是**什麼意思？」

「喔……你想一想，兩年前你還是個偷酒桶的現行犯，現

生命的意義

307

在……磅！！！鹹魚大翻身幾乎要出書了！這種感覺很棒，對吧？」

「鮑伯，我受不了了。沒有什麼幾乎！結束了！」

「尚恩……」

「結束了！完成了！寫完了！」

「只到快樂的那一章，尚恩！你必須要繼續寫。」

「鮑伯，誰鳥你！」

「對喔，我都忘了。」

「鮑伯，說真的──『我必須要快樂！』是有什麼好寫的？」

「舉例來說，快樂是沒有辦法計畫的？」

「這話題也太無聊了吧？」

「尚恩，首先，我們需要更強而有力的結尾。」

「約翰・葛里遜（John Grisham）[26]、史迪格・拉森（Stieg Larsson）[27]與馬克・吐溫（Mark Twain）當初就是這樣被拒絕的！」

「馬克・吐溫，沒錯……！」鮑伯的笑容有些自負。

我很高興鮑伯確認了馬克・吐溫這件事情，因為我本來就不太會記人名，不過我當然認識葛里遜與拉森。

我不甘願地喝著瑪格麗特，而鮑伯還是在堅持那該死的快樂章

---

26 美國一名專寫法律題材驚悚小說的暢銷作家，代表作為《失控的陪審團》。

27 瑞典記者與作家，廣為人知的作品為《龍紋身的女孩》和《千禧年三部曲》的其餘兩冊。

節！這本書已經讓我換了六個鍵盤並錯過整整兩場「喝掛不用錢慈善之夜」了，現在這瘋子編輯居然還想要求我什麼？精彩的結局！他到底是懂什麼？我面目猙獰地啃著杯緣的鹽巴。他媽的！這些白癡在杯緣放了什麼？粗鹽嗎？我的舌頭開始感到灼熱，我推開杯子並看著鮑伯。

「他媽的草莓瑪格麗特！」

「尚恩，那不是草莓瑪格麗特，是你把杯子啃碎了。」

鮑伯遞給我一張衛生紙，我拿著擦了擦我的嘴唇——結果衛生紙就變紅了。好吧，我剛才可能有點緊張，但是我還是想為書的結尾繼續抗爭。

「鮑伯，我再說一次，我已經交出所有稿子了！」

「對伯納爾出版社來說並非如此。尚恩，相信我，這本書還沒有寫到結尾！」

「《人生務必完成的事情》這章是哪裡不行了？」

「那這本書就會以希特勒作為結尾。」

「我有八分之一的德國血統啊！」

「是啊，但是不是八分之一的納粹血統啊！」

「那我換普丁好了！你看……普丁的願望清單——騎在馬背上，而且看起來一點也不像同性戀；完全犯罪……」

「尚恩？」

「怎麼了？」

「不行。」

「那⋯⋯金正恩的願望清單呢？大衛・赫索霍夫呢？海蓮娜⋯⋯」

「不行！」

我也只能搖搖頭，然後看著在場的其他客人。這根本就是場鬧劇嘛！我根本不敢回想自己為了這晚所做的一切努力──起床、洗澡、穿上巴伐利亞格子衫、平日就把車加滿油⋯⋯

我發現鮑伯看我的眼神有些憂心忡忡，一切也許還有轉圜的餘地。我又喝了一口草莓瑪格麗特並說，「好吧，鮑伯，聽好了。我在這本書的一開始問讀者快不快樂，然後在結尾時再問一次，這樣我們就可以證明大家看完我的書會變得更快樂了！」

「那只是提問，尚恩，不是什麼強而有力的結論。」

「但是我把希特勒刪掉了啊！」

然而，就在這短兵相接的時機，眼前送來了兩個金屬罩，下面藏著鮑伯的羅勒檸檬雞佐黎麥、蘆筍與我的漢堡。

「他們幹嘛要把我們的食物藏起來？」我悄悄地問鮑伯，他再次尷尬地笑著。

「尚恩，吃飽一點，出版社請客！」

「哇噢，我真希望自己每天都可以寫完一本書。」

「你的書**還沒有寫完**！」

「**未必！**」

我正想要伸手去抓漢堡來吃，同時又注意到其他客人開始騷動著。大家似乎都轉頭在看著什麼，正當我要開口發問是怎麼回事

時，這東西就像直升機空降一樣地落在我們桌子的正中間——這略帶咖啡色的東西有一支紅色的小腳，看起來就跟我一樣興奮。

「嘿，賴瑞！」我笑著說「怎麼可能！」

我舉起我的手，賴瑞開心地飛上去並唱著我最喜歡的歌曲《淹水的迷你柴油車》（Der absaufende Mini-Diesel）。太神奇了，我不得不笑了出來，部分的客人也跟著笑了，只有鮑伯迷惘了。

「你不是說，你今天早上放掉牠了嗎？在巴索羅布列斯？」

我點點頭並搔搔賴瑞的背，這樣牠就會開心地鳴叫。

「那就是說，牠……這可是兩百英里遠啊！」

「是呀……總之牠就是辦到了。」

「好吧……也許吧……好吧……我那些關於動物與思念的言論都是在自欺欺人。」

鮑伯的表情明顯地放鬆了許多，不僅如此，他幾乎是崇拜地看著我與賴瑞，然後他說——

「你何不就將此情此景寫進快樂章節中呢？我是說……我要怎麼說呢……就在我們停止討論快樂的同時，快樂就降臨了……你看，你現在看起來有多快樂！」

這個點子很棒。

「沒錯，副標題就寫著，快樂是不能規劃的。」

「這點子太棒了，尚恩，就這樣寫吧！」

「賴瑞，你覺得呢？」

賴瑞當時的反應讓我至今想起來都感到萬分溫暖——牠從我

的手上跳了起來並在鮑伯的羅勒檸檬雞上拉屎，然後飛向西好萊塢那深紅色的夜空之中。

「牠為什麼要這樣？」鮑伯問我。

「牠可能想為這段飛行討點補償吧？」我回答。

當我看著鮑伯氣急敗壞的表情並聽著其他賓客的歡呼聲時，我心裡就明白了——

快樂有時候是一隻別有長才的小鳥。

－完－

……恭喜你！

我知道自己遲早要面對這個時刻的——我必須向各位道別，就像與獨腳賴瑞道別一樣。是的，就是現在。天啊，我一直以為不會很困難，事實卻不然。因此，就讓我長話短說吧——各位讓我引以為傲，凱倫與酒鬼偉恩也這麼想，整個巴索羅布列斯都是這樣，而如果各位現在加入「喝掛不用錢慈善之夜」的話，一定會受到在場每個人的擁抱歡迎。當然也包含我本人，而且我一定會趁機把廁所鑰匙遞給各位，然後徹徹底底地執行把人黏在天花板與愛爾蘭小屋的遊戲。

各位真的完成了相當了不起的一件事，我想大家都心知肚明——就是讀完了一本好幾百頁的書！而各位也從一開始頂多對我的書投以好奇眼光，轉變成最後可以冷笑著堅定下去的信念——誰鳥你！

　　新領略的自由是不是很棒呢？真的有夠棒的，而且各位現在再也不需要來加州就可以在家打開香醇的啤酒，為這誰鳥你的新生活乾一杯。各位大可忽視背後那孱弱又卑微的聲音，那其實就是非要不可怪獸，也就是，是的……過去總是纏著各位的非要不可怪獸。天啊，看看各位把非要不可怪獸修理成什麼樣子！太棒了！

　　請大家好好享受自己的新人生吧！不要忘了——你必須做的事越少，就擁有更無限的可能。啊，還有一件事對我很重要——不要在湖裡大便！

尚恩・布魯梅爾

敬上

謝詞

感謝我的女友妮娜（Nina）——提供我多采多姿的想法，也謝謝她一路支持我到最後。

感謝最棒的編輯佛爾克（Volker），他跟鮑伯一點關係也沒有，而且勇敢地接納第六本耀德著作《誰鳥你！》。他自從那時候開始就搬回到科隆地區的小鎮上了。

感謝來自班堡馬爾斯（Mahrs）啤酒廠的好朋友史戴凡（Stephan）——假如他沒有在 2013 年帶我第一次去巴索羅布列斯參加啤酒節的話，尚恩‧布魯梅爾的故事與啤酒就不會出現。

感謝我最愛的樂團——地窖指揮官（Kellerkommando）為我的書創作這麼棒的歌曲。

感謝我的朋友費里德曼‧邁爾（Friedemann Meyer）——幫我與尚恩拍出這麼棒的照片。

感謝我的朋友馬庫斯‧巴爾斯（Markus Barth）——感謝他在第一次成書後給予莫大實質的回饋。

感謝阿提克‧卡爾加爾（Attik Kargar）——畫出這麼醜的非要不可怪獸。

感謝傑哈德‧蔡斯（Gerhard Zeiss）與都恩雅‧弗洛格菲爾

德（Dunja Pflugfelder）——借我假髮與面具。

感謝我母親布里姬特（Brigitte）的指導，她告訴我紅甜菜根不是蔬菜，而是根莖類。我也要感謝史凡・迪爾克斯（Sven Dierkes）、沃夫岡・貝爾（Wolfgang Behr）與克里斯・吉勒特內基（Chris Geletneky），謝謝你們的回饋。

感謝費雪出版社（S. Fischer）整個團隊的耐心，沒有你們辛勤的付出就沒有機會成書。

新楽園
Nutopia

國家圖書館出版品預行編目 (CIP) 資料

誰鳥你！做自己才是王道 / 湯米 . 耀德 (Tommy Jaud) 著；李昕彥譯 . --
初版 . -- 新北市 : 新樂園 , 遠足文化 , 2017.08
　面；　公分 . -- (心能量；3)
譯自 : Sean Brummel : Einen Scheiß muss ich das Manifest gegen das
schlechte Gewissen
ISBN 978-986-94475-8-4(平裝)

1. 幽默 2. 生活指導

185.8　　　　106012984

心能量 003

誰鳥你！做自己才是王道
Sean Brummel: Einen Scheiß muss ich

作者	湯米‧耀德（Tommy Jaud）
譯者	李昕彥
美術設計	黃宏穎（日日設計）
責任編輯	李宜珊
總編輯	趙世培
社長	郭重興
發行人	曾大福
出版者	新樂園出版／遠足文化事業股份有限公司
	23141 新北市新店區民權路 108-2 號 9 樓
	客服專線 0800-221-029
	傳真 (02)8667-1065
	電郵 service@bookrep.com.tw
	郵撥帳號 19504465
發行	遠足文化事業股份有限公司
排版	簡單瑛設
印刷	前進彩藝有限公司
法律顧問	華洋法律事務所 蘇文生律師
初版一刷	2017 年 8 月
定價	360 元